L'INFINI, L'UNIVERS ET LES MONDES

GIORDANO BRUNO

L'INFINI, L'UNIVERS ET LES MONDES

traduit de l'italien, présenté et annoté
par Bertrand LEVERGEOIS

BERG INTERNATIONAL

LA VIE ET L'OEUVRE DE GIORDANO BRUNO

Filippo Bruno naquit aux environs de Naples, à Nola, en 1548 ; de ce village de Campanie, il gardera toute sa vie le surnom de Nolain. Son père était un homme d'armes de condition modeste et l'on ne sait rien sur sa mère ; reste que ce paysage natal réapparaîtra souvent dans ses œuvres.

Après quelques années où Bruno fit ses premières humanités, il suivit les leçons d'un philosophe averroïste et antiphilologue, Giovan Vincenzo Colle. Puis vint l'heure de la logique, de l'art mnémotechnique et des débuts spéculatifs et méthodologiques avec le Frère Teofilo da Vairano, un augustinien qu'on tient pour le « principal maystre qu'il ait eu en philosophie »[1]. Enfin, le 15 juin 1565, Bruno endossa le froc de l'Ordre des Prêcheurs : c'est à partir de cette date qu'il préféra le prénom de Giordano, d'après celui de son maître de métaphysique.

Cette adolescence peu originale fut vite marquée par le caractère contestataire de Giordano Bruno. On lui reprocha déjà, vers 1566, d'avoir profané la culte de Marie. Puis, à mesure qu'il franchit les étapes de son ordre, il afficha un dégoût pour les « subtilités des scholastiques, des sacrements et mesmement de l'Eucharistie »[2]. Se désintéressant tout à fait de la théologie, il s'adonnait à des lectures hérétiques, comme celle d'Érasme. Ce besoin d'outrepasser les interdits de l'Église l'amena même, lors d'un entretien, à rejeter de façon spéculative le dogme de la Trinité. C'en était trop. On ouvrit

1. *Cf.* Vincenzo Spampanato, *Documenti parigini*, II in *Documenti della vita di Giordano Bruno*, Leo Olschki, Florence, 1963.
2. *Ibid.*

une instruction, qui tint compte également de ses premiers doutes sur le culte de Marie. Soupçonné d'hérésie, Bruno n'avait pas le choix. Il dut fuir Naples.

A Rome, poursuivi par la vindicte de son ordre, on l'accusa de meurtre[1]. Un deuxième procès lui fut intenté : ses lectures érasmiennes furent saisies. Il abandonna provisoirement le froc dominicain et s'échappa à nouveau vers le nord.

Il séjourna à Gênes, Noli, Savone et Turin, vivant des leçons de grammaire données à des enfants et de son enseignement sur la sphère[2]. A Venise, il fit publier le premier de ses ouvrages : *Les signes des temps*, dont nous n'avons malheureusement gardé nulle trace. Conseillé par ses proches, il reprit un temps l'habit à Padoue, puis continua par Bergame, Brescia et Milan. En 1578, il s'exila enfin.

Ses frères dominicains l'accueillirent à Chambéry, mais Bruno, averti de l'hostilité qu'il allait rencontrer dans cette région, n'y fit qu'une halte. Genève lui fit découvrir la communauté évangélique italienne que son père fondateur, le marquis de Vico, dominait de sa haute figure. C'est à partir de cette période que Bruno abandonna définitivement le froc[3].

Rallia-t-il la cause calviniste ? Pratiquement, oui. Son inscription dans certaines académies l'atteste. Mais s'il assista bien aux prédications de Niccolo Balbani, ministre de l'Église italienne de Genève, il n'en continua pas moins de critiquer cette nouvelle version de la lecture chrétienne. Son adhésion effective ne fut qu'un paravent, et de fait il ne cessa de ridiculiser les « pédagogues » de Genève. Inévitable, la réaction ne se fit pas attendre. Le 6 août 1579, il fut arrêté, puis excommunié. Après son apostasie, c'était la deuxième fois qu'il s'opposait à la communauté chrétienne.

De ce séjour genevois, Bruno allait garder à l'égard des calvinistes une hostilité farouche, dont *l'Expulsion de la Bête Triomphante* fut plus tard l'expression la plus manifeste[4].

Condamné à l'exil, le Nolain parvint via Lyon à Toulouse qu'il trouva soumise à un sévère dogmatisme catholique. Il allait pourtant y enseigner pendant deux ans physique, mathématique et lullisme. Ce fut cet apport lullien qui le fit connaître d'Henri III, en particulier après la publication de son *Clavis Magna*[5].

1. Très certainement à tort, puisque l'Inquisition ne retint pas ce chef d'accusation lors de son procès.
2. Connaissait-il déjà les thèses coperniciennes ? On ne saurait l'affirmer.
3. Paradoxalement, cet abandon allait inaugurer le désir de réintégrer le sein de l'Église catholique. Voir présentation p. 11 et 13.
4. Vaine serait donc la tentation de voir en lui un défenseur de la Réforme.
5. Sorte de traité mnémotechnique à la manière de Raymond Lulle.

Bruno se rendit à Paris où, devenu le protégé du roi qui admirait ses talents, il fut cinq années l'un des philosophes attitrés de la cour[1]. Proche des « politiques », il opta comme eux pour une position religieuse tolérante, fuyant l'extrémisme des protestants et des ligueurs[2]. Lecteur royal, Bruno fit publier en 1582 plusieurs ouvrages d'esprit lullien : *De umbris idearum, Ars memoriae, Cantus Circaeus, De compendiosa architectura et complemento Artis Lullii*, et *Il Candelaio* (*Le Chandelier*), la seule comédie qu'on lui doit, satire féroce de la société de son temps et préfiguration de certains développements de sa pensée[3].

En avril 1583, Bruno quitta Paris et se rendit en Angleterre. On en ignore encore la raison. Selon ses dires[4], il se serait éloigné des troubles religieux qui naissaient alors en France. Quoi qu'il en soit, l'arrivée de Bruno à Londres, dans la suite de l'ambassadeur de France[5], ne pouvait que déplaire à l'opinion anglicane, étant donné son adhésion, ne serait-ce que formelle, aux thèses tantôt catholiques, tantôt calvinistes.

Bruno fut deux fois rejeté. A Oxford, où il tenta d'exposer sa philosophie, on découvrit qu'il ne faisait que reprendre l'argumenta-

1. Henri III offrit à Bruno une charge au Collège des Lecteurs Royaux (ex-Collège de France), faute de pouvoir l'incorporer à la Sorbonne où il n'aurait pu enseigner du fait de sa situation d'apostat.

2. Il épousait ainsi la position de Nicolas de Cues, telle qu'elle s'était exprimée dans *La paix dans la foi*.

3. L'adaptation récente de Jean-Noël Vuarnet (*Le Candelaio*, Point Hors Ligne, Paris, 1986) ne fait aucune allusion à cet aspect décisif de la comédie. Ne trouve-t-on pas pourtant maints passages qui en témoignent ? Citons seulement celui-ci : « Le temps enlève tout et donne tout ; chaque chose se change, aucune ne s'anéantit ; l'un seul ne peut changer, l'un seul est éternel et peut perdurer éternellement un, semblable et identique. Tout ce qui est, est ici ou là, ou près ou loin, ou maintenant ou après, ou tôt ou tard » (*Il Candelaio*, éd. Spampanato, Bari, Laterza, 1909, p. 7).

Dans une étude biographique sur Bruno (*Giordano Bruno*, Bibliotheca Biographica 1, Istituto della Enciclopedia Italiana, Rome, 1971), Giovanni Aquilecchia fait justement remarquer que le *Candelaio* illustre parodiquement le principe brunien (emprunté, ajoutons-le, à Nicolas de Cues) de la coïncidence des opposés (voir plus loin présentation pp. 22-24) — à preuve le rapprochement fait par Bruno lui-même, lorsqu'il dit de cette œuvre qu'elle « devrait éclairer certaines *Ombres des Idées* ».

Notons par ailleurs que le *Candelaio*, outre la peinture de personnages napolitains rappelant la jeunesse du Nolain, présente cet autoportrait : « Si vous connaissiez l'auteur, vous diriez de lui qu'il a une physionomie attristée. Il semble dans la contemplation des peines de l'enfer. (...) Il ne rit que pour faire comme les autres. La plupart du temps, vous le verrez fâché, rétif et bizarre. Il ne se satisfait de rien, reclus comme un vieillard de quatre-vingts ans, fantasque comme un chien qui a reçu mille bastonnades, repu d'oignons » (*Il Candelaio, op. cit.*, antiprologue, p. 19).

4. *Cf.* V. Spampanato, *op. cit., Documenti veneti*, IX.

5. Michel de Castelnau, seigneur de la Mauvissière, auquel est dédié *L'infini, l'univers et les mondes*.

tion ficinienne[1]. A Londres, à la cour de Whitehall, à la suite de l'exposé de sa théorie néocopernicienne sur le mouvement de la terre, une dispute éclata[2].

Pour répondre aux attaques et convaincre, Bruno entreprit aussitôt et en italien[3] la rédaction de trois dialogues métaphysiques qu'il fit publier à Londres dans le courant de l'année 1584 :

a) *La Cena de le Ceneri (La cène des cendres)* ;
b) *De la causa, principio e uno (La cause, le principe et l'un)* ;
c) *De l'infinito, universo e mondi (L'infini, l'univers et les mondes)*.

Ces trois textes, qui comptent parmi les plus importants de l'œuvre brunienne, traitent de sa vision cosmographique et, soit au travers d'un commentaire de Copernic et d'Aristote, soit par l'exposé de ses propres thèses, développent l'essentiel des éléments constitutifs de la « philosophie nolaine » : infinitude de l'univers, multiplicité des mondes, immanence et transcendance de Dieu...[4]

Non content d'expliquer ses conceptions cosmologiques, Bruno récidiva l'année suivante en signant trois autres dialogues, qui servent de complément moral aux trois premiers[5] :

a) *Spaccio de la bestia trionfante (L'expulsion de la bête triomphante)*, remise en cause des calvinistes et des catholiques au nom d'un activisme humaniste[6] ;

1. Martin Culpepper, alors gardien du Nouveau Collège, reconnut dans l'« enseignement de Bruno » le contenu du *De vita coelitus comparanda* de Marsile Ficin.

2. Les doctes anglais, tels John Dee ou John Field, s'intéressèrent dès 1556 à l'œuvre de l'astronome polonais ; mais il fallut attendre 1576 pour disposer de la première traduction partielle du *De revolutionibus orbium coelestium libri sex*. Sur la conception néocopernicienne de l'univers chez Bruno, voir plus loin la présentation pp. 19-27.

3. L'adoption de la « langue vulgaire », autrement dit de l'italien, si elle dénote une volonté de choisir une nouvelle langue pour de nouvelles idées — thèse idéaliste, que semble défendre en France Jean-Noël Vuarnet (*Cf. Postface* de son adaptation du *Candelaio, op. cit.*, pp. 142-145) — souligne surtout le rôle prépondérant joué par la langue de Dante à la cour élisabéthaine. *Cf.* Giovanni Aquilecchia, *L'adozione del volgare nei dialoghi londinesi di Giordano Bruno* in *Cultura neolatina*, XIII (1953), fasc. 2-3, pp. 165-189.

4. En voir *infra* le détail pp. 19-27.

5. Sur la distinction entre *dialogues métaphysiques* et *dialogues moraux* pour les dialogues italiens de Bruno, voir l'explication de Giovanni Aquilecchia à la troisième édition des *Dialoghi italiani* de Giordano Bruno, Sansoni Editore, Florence, 1985, vol. I, préambule pp. VIII-X.

6. Ce dialogue illustre l'attitude conciliatrice et tolérante de Bruno en matière de religion, tout à la fois contre la rigueur papale et espagnole (l'esprit de la Contre-Réforme, qui réorganise à Rome l'Inquisition en 1542, est plus que jamais vivace) et contre l'intransigeance des Réformés. Dans sa lettre dédicatoire des *Articuli centum et sexaginta adversus hujus tempestatis mathematicos atque philosophicos* (1588), Bruno annonce même l'*Auf-*

b) *Cabala del Cavallo Pegaseo* (*La cabale du cheval Pégase*), opuscule satirique qui propose, au-delà de la critique de la « sainte ignorance » (aristotélicienne et fidéiste), de nouvelles problématiques (celle, par exemple, de la relation âmes individuelles-âme universelle) ;

c) *De gli eroici furori* (*Les fureurs héroïques*), œuvre d'apparence néo-platonicienne[1] qui réexpose les thèses « physiques » de Bruno (animisme *et* présence divine, coïncidence des opposés conçue pour l'être entier...) et met en relief sa « poétique »[2].

Malgré la publication de ces ouvrages, Bruno ne réussit pas à calmer l'agitation qu'avaient créée ses interventions. Et, en 1585, il préféra retourner à Paris. La France, cependant, n'était plus pour lui une terre aussi accueillante. Le parti modéré s'affaiblissait : en juillet, Henri III avait été contraint de révoquer les édits de pacification avec les protestants ; en septembre, le roi de Navarre, le futur Henri IV, avait été excommunié. Prudent, Bruno chercha encore à réintégrer le sein de l'Église ; mais il buta toujours sur sa situation d'apostat.

Faute d'allié dans la place, le Nolain se mit en relation avec la communauté italienne de Paris. Il rencontra ainsi le géomètre Fabrizio Mordente qui, un an auparavant, avait conçu un compas différentiel. Fort intéressé, le philosophe décida avec l'accord de son compatriote de faire paraître sous son nom le compte rendu de cette invention. Or, dans l'ouvrage[3], Bruno, s'il ne s'en attribuait pas la paternité, pouvait le faire croire tant il se moquait grossièrement de son inventeur...

L'affaire s'envenima. Furieux, Mordente entreprit d'acheter tous les exemplaires disponibles et de les détruire. Bruno, indigné par ce manque de reconnaissance, fit publier deux autres dialogues mordentiens. Erreur fatale : le géomètre Mordente était soutenu par les ligueurs. De plus, un membre même du groupe des politiques rejeta

---

klärung : il y déclare en effet que sa religion « est celle de la coexistence pacifique des religions, fondée sur la règle unique de l'entente mutuelle et de la liberté de discussion réciproque. »

1. Apparence due à l'usage de la terminologie ficinienne.

2. Mêlant un pétrarquisme tardif à l'art du Tansillo, cette « poétique » se caractérise par le rejet de la tradition lyrique. A partir de Bruno mais aussi de Campanella, le concept de vérité devient un des objets de prédilection de la littérature italienne (*Cf.* Alberto Savinio, article *Campanella* in *Encyclopédie nouvelle*, traduction Nino Frank, Coll. Du monde entier, Gallimard, 1980, pp. 79-80).

3. Intitulé *Dialogi duo de Fabricii Mordentis Salernitani prope divina adinventione ad perfectam cosmimetricae praxim*, éd. P. Chevillot, Paris, 1586.

publiquement les thèses cosmologiques du Nolain. Coupé de tout appui, Bruno s'éclipsa[1].

En juin 1586, il rejoignit l'Allemagne. Inscrit à l'université de Marbourg, sa présence souleva une fois de plus de vives réactions. On lui interdisait d'enseigner la philosophie. Le recteur tenta de protester mais fut contraint de démissionner[2]. Bruno partit pour Wittenberg, où il s'inscrivit à nouveau à l'université où, pendant deux ans, il commenta l'*Organon*. Il profita de ce répit pour publier une série de textes lulliens[3]. Puis, sans doute en raison des factions luthérienne et calviniste qui s'opposaient, il dut se résoudre à rejoindre Prague, où d'autres écrits lulliens furent édités[4].

Attiré par l'Academia Julia de Helmstedt, Bruno s'y rendit durant l'automne 1588. Or, nonobstant le secours du nouveau duc Henri Jules, le Nolain allait encore connaître déboires sur déboires jusqu'à se voir excommunié par le pasteur de l'Église luthérienne ! Qu'il fût question de philocalvinisme ou d'une affaire privée comme le philosophe le rapporta lui-même lors de son procès vénitien, reste qu'il se voyait pour la troisième fois exclu de la communauté chrétienne...

Malgré cette mise au ban, Bruno demeura à Helmstedt jusqu'en 1590. Il y écrivit et publia ses ouvrages dits « magiques »[5], c'est-à-dire de magie naturelle où l'on retrouve des extraits de Tritheim, d'Agrippa[6] et du pseudo Albert le Grand.

Ayant gagné Francfort-sur-le-Main, il y publia une trilogie de poèmes latins à la manière de Lucrèce, qui représentent, après les dialogues londoniens, la part essentielle de son œuvre philosophique :

1. *Cf.* Lettre à Pinelli de J. Corbinelli (4 août 1586) in Frances A. Yates, *The Art of Memory*, Londres, 1966, p. 185.

2. Il faut souligner que l'université de Marbourg était marquée à l'époque par un aristotélisme revu et corrigé, de type ramiste. Ramus (1515-1572) est notamment attaqué dans *La cause, le principe et l'un. Cf.* trad. et note (16) d'Émile Namer in *Cause, principe et unité*, Éditions d'Aujourd'hui, Collection Les Introuvables, 1982, rééd. Alcan, Paris, 1930, p. 122 : « ... l'un Français, archipédant, qui a composé les *Scholies sur les Arts libéraux et l'animadversion contre Aristote.* » (trad.) Pierre de la Ramée soutint à Paris une thèse contre Aristote qui fit scandale. En 1544, R. fut condamné comme « impudent » et il lui fut interdit d'enseigner la philosophie (*Cf.* Ch. Wadding, *Ramus*, Paris, 1855). » (note.)

3. *De lampade combinatoria lulliana, De progressu et lampade venatoria logicorum* (1587)...

4. *De lampade combinatoria Raymundi Lullii, De lulliano specierum scrutinio* (1588)...

5. Dont la *Medicina lulliana*. Notons que la publication de ces ouvrages dut attendre 1891.

6. *Cf.* Henri Corneille Agrippa, *La Magie céleste, La Magie cérémonielle* et *La Magie naturelle*, traduction et présentation de Jean Servier, Berg International, Collection l'Ile Verte, 1981.

a) Le *De minimo* développe les thèses de *L'infini, l'univers et les mondes* dans un sens atomiste ;

b) Le *De monade* soutient que les diverses qualités des objets sensibles résultent de la diversité de position et de nombre de leurs éléments constitutifs ;

c) Le *De immenso* réexpose les termes de la cosmologie nolaine — c'est le poème le plus inspiré de Giordano Bruno.

Expulsé de Francfort, Bruno finit par accepter en août 1591 l'invitation d'un patricien de Venise, Giovanni Mocenigo. Personne ne sait exactement aujourd'hui pourquoi il se décida à rentrer en Italie. On doit exclure l'hypothèse de la nostalgie émise au XIXe siècle[1] ainsi que celle d'un désir de réintégration dans la religion catholique[2]. En fait, tout porte à croire que la suggestion de Giovanni Aquilecchia est la plus vraisemblable[3] : en acceptant l'invitation de Mocenigo, Bruno souhaitait non tant s'assurer le soutien d'Italiens en Italie même — ce dont il avait, de toute façon, grandement besoin pour s'imposer — que d'obtenir un poste à l'université de Padoue. Depuis 1588, la chaire de mathématique était libre. Or, dans le droit fil de son intérêt pour Mordente, Bruno venait justement de publier une série d'ouvrages montrant ce qui liait ses connaissances métaphysiques à la science mathématique[4]. Quoi qu'il en soit, le Nolain n'eut jamais l'occasion de briguer officiellement cette charge qui resta vacante jusqu'en septembre 1592, date à laquelle elle fut attribuée à un certain Galileo Galilei...

Comme Henri III, Mocenigo avait invité Bruno dans le but bien précis d'apprendre « l'art de la mémoire et l'art d'inventer »[5]. Sa déception fut grande. Si ses idées larges en matière de religion pouvaient s'accorder avec celles du philosophe, il ne savait comment l'obliger à demeurer à ses côtés. Bruno, toujours prêt à de nouvelles aventures intellectuelles, ne pouvait se satisfaire de cet enseignement. Pour s'attirer l'indulgence papale, il imagina d'abord d'adresser au nouveau pontife[6] l'un de ses écrits. Puis, cette « solution »

---

1. *Cf.* Christian Bartholomèss, *J. Bruno*, Paris, 1846-7, deux vol., voir t. 1, p. 184 et *sq.*

2. Si le roi de Navarre était considéré sous un jour plus favorable et si les thèses du parti des politiques correspondaient mieux à l'évolution des mentalités, Bruno ne restait pas moins conscient de ses positions inacceptables. Apostat et deux fois excommunié par les Réformés, comment aurait-il pu naïvement songer à la clémence de Rome ? *Cf.* Badaloni, *La filosofia di Giordano Bruno*, Florence, 1955, p. 265 et *sq.*

3. *Cf.* Giovanni Aquilecchia, *Giordano Bruno*, op. cit., pp. 78-83.

4. *Cf.*, par exemple, ses *Praelectiones geometricae* et son *Ars deformationum*.

5. *Cf.* V. Spampanato, *Documenti veneti*, VIII, *op. cit.*

6. Clément VIII, nouvellement élu.

s'avérant inopportune, il voulut retourner à Francfort pour en publier d'autres qu'il comptait lui dédier. Mocenigo, s'estimant délaissé et doutant peut-être de l'orthodoxie de son invité, lui interdit de partir sous la menace d'une dénonciation à l'Inquisition. Le Nolain s'entêta. Le 22 mai 1592, Mocenigo le retint prisonnier et mit sa menace à exécution : le lendemain soir, les sbires du Saint-Office vinrent l'arrêter et l'emprisonnèrent.

De quoi l'accusait Mocenigo ? Non certes d'avoir voulu lui échapper. Ce que lui reprochait le Vénitien touchait bien au contraire à la théologie. Bruno aurait méprisé les religions, refusé les dogmes de la Trinité et de la transsubstantiation[1], blasphémé contre le Christ, cru en la métempsychose, pratiqué l'art divinatoire et la magie, nié la virginité de Marie, déprécié les docteurs de l'Église ; de plus, il avait séjourné dans des pays hérétiques en adoptant leur façon de vivre, et avait déjà été condamné par l'Inquisition romaine... D'autres arguments ne concernaient la congrégation qu'indirectement : le philosophe prétendait que l'univers était éternel et qu'il existait une multiplicité de mondes[2].

Le Nolain se défendit avec adresse. Il rejeta en bloc les accusations les plus basses et argumenta intelligemment sur les plus délicates. Quant aux ouvrages qu'on lui reprochait d'avoir écrits, il distingua nettement ce qui relevait de la philosophie de ce qui concernait la religion et conclut qu'il n'avait point voulu attenter à l'Église, mais au contraire l'exalter[3]. L'affaire ne se présentait pas mal. D'autant plus que, mis à part celui de son hôte, la plupart des témoignages lui furent favorables. Bruno put donc se prêter aisément à la comédie du repentir : genoux en terre, il reconnut quelques erreurs minimes et abjura ses fautes. Hélas, entretemps, Rome était intervenue pour demander son extradition[4].

Une série de tractations s'engagea qui allait satisfaire à cette demande. Tous les prétextes furent invoqués : Bruno, par son lieu de naissance, dépendait de Naples ; le procès qui s'était ouvert en Italie avait été instruit à Naples, puis à Rome ; il s'agissait d'un religieux régulier, etc. A ce stade, nous ne disposons pas de traces du procès qui devait suivre. Seul le *Sommario* publié en 1942 par Angelo Mercati nous permet de nous donner quelque idée des dernières années du philosophe[5].

1. Ce dernier dogme venait d'être défini par le Concile de Trente (1545-63).
2. Thèses de *L'infini, l'univers et les mondes*. Voir plus loin la présentation pp. 19-27.
3. *Cf.* V. Spampanato, *Documenti veneti* XI, *op. cit.*
4. Sans doute Bruno n'aurait-il pas avoué ces « erreurs minimes » s'il avait été informé de cette demande...
5. *Cf.* A. Mercati, *Il sommario del processo di Giordano Bruno, con appendice di*

Après son transfert à Rome, le procès traîna en longueur. Un nouveau type d'accusation s'ajouta aux autres en 1593. Cette fois, c'est un codétenu de Venise qui se vengeait des dépositions faites contre lui par Bruno. Dix nouveaux chefs d'accusation vinrent compléter le dossier: il aurait soutenu que le Christ a péché mortellement; que l'Enfer n'existe pas; que Caïn valait mieux qu'Abel; que Moïse était un mage qui avait inventé la Loi; que les prophètes étaient des hommes d'astuce qui avaient bien mérité leur mort; que les dogmes de l'Église n'étaient pas fondés; que le culte des saints devait être réprouvé; que le bréviaire était une œuvre indigne. Le philosophe aurait également juré (!) et envisagé de se révolter au sein de son ordre, s'il avait dû le réintégrer...

Comment Bruno en serait-il venu à confier ces propos hérétiques dans sa cellule? La question ne fut pas posée. Reste que d'autres détenus vinrent les confirmer, ajoutant même qu'il aurait avoué mépriser les saintes reliques et condamner le culte des images.

Le Nolain ne changea pas de stratégie. Il nia les imputations les plus fâcheuses, nuança les plus vénielles; il tint, par exemple, à expliquer ce qu'il entendait par « mage » (pour Moïse), émit l'hypothèse d'une migration des âmes dans d'autres corps et précisa le concept de pluralité des mondes.

Le procès continua en 1594. Les témoignages ne cessèrent d'aggraver son cas. De surcroît, Mocenigo lui reprocha d'avoir moqué le pape dans le *Cantus Circaeus*. Bruno, piqué au vif, répondit par écrit — un texte de 80 pages, malheureusement disparu. Belle opportunité pour une mise à l'*Index*[1]: on décida alors de rassembler tous ses ouvrages.

De mai 1594 au début 1595, Francesco Pucci, Tommaso Campanella et Cola Antonio Stigliola vinrent rejoindre le philosophe dans les prisons du Saint-Office romain. Cela explique le peu d'intérêt qu'on fit de lui à partir de cette date. Le 24 mars 1597, on le somma d'abandonner sa théorie de la multiplicité des mondes. On l'interrogea *stricte* — peut-être fut-il torturé[2]. Puis, on exigea qu'il revienne

---

documenti sull'eresia e l'Inquisizione a Modena nel secolo XVI. Cité du Vatican, 1942. Ce compte rendu reste toutefois sujet à caution. Premièrement, ce n'est qu'un abrégé entrepris par les autorités du Saint-Office. Deuxièmement, il est agrémenté d'un commentaire catholique, qui veut à tout prix légitimer la condamnation. L'argumentation en est parfois intolérable. On en jugera facilement si l'on sait, par exemple, que Mercati considère comme absolument normal que l'Inquisition ait exécuté celui qu'elle estimait être un de ses ennemis — thèse en partie reprise par Gentile et qui condamnerait aujourd'hui tous les délits d'opinion.

1. L'*Index librorum prohibitorum* fut promulgué par le concile de Trente (1564).
2. *Cf.* V. Spampanato, *Documenti romani XIII*, *op. cit.*

sur sa conception de la Trinité, de l'incarnation et de nouveau sur celle des mondes innombrables — qu'il persista pourtant à affirmer.

L'Inquisition procéda à la censure de ses textes. Dans le *Sommario*, on peut dénombrer l'improbation de huit propositions[1]:

1) l'identification de l'âme du monde et de la matière première avec les deux principes éternels des choses;

2) la correspondance de l'effet infini avec une cause infinie;

3) la conception de la relation âme universelle — âme individuelle;

4) l'interprétation de la loi de génération et de corruption;

5) l'adhésion à la théorie de Copernic;

6) l'assimilation des anges à des astres;

7) l'attribution à la Terre d'une âme sensible et rationnelle;

8) la non-identification de l'âme à la forme du corps humain[2].

Ce à quoi l'on doit ajouter deux accusations que note une lettre de K. Schopp[3]:

9) la définition de l'Esprit Saint comme âme du monde;

10) la croyance aux préadamites[4].

Le Saint-Office invita Bruno à l'abjuration sur la base d'une série de huit propositions nouvelles, dont nous n'avons pas gardé trace

---

1. Ces thèses sont développées dans l'œuvre métaphysique de Bruno et, en particulier, dans *La cène des cendres*, *La cause, le principe et l'un* et *L'infini, l'univers et les mondes*.

2. En ce qui concerne ces huit propositions, Bruno tenta le plus souvent, pendant son procès, de moduler ses positions afin de les faire coïncider avec l'argumentation théologique. Voyons-en rapidement la teneur. Pour la première, il entreprit de ramener à un schéma dualiste de type aristotélicien son interprétation moniste de l'être. Pour la seconde, se plaçant d'un point de vue spéculatif, il tâcha de montrer qu'elle ne s'opposait en rien aux dogmes de l'Église. Pour la troisième qui tendait à nier l'âme individuelle au profit d'une âme universelle, il rebroussa chemin et n'admit cette thèse que pour les esprits simples, reconnaissant à l'âme humaine une éternité individuelle. Pour la quatrième qui s'appuyait sur le *Nihil sub sole novum* de l'*Ecclésiaste* (I, 4), il fit une exception pour l'âme humaine : la particularité de l'âme demeurerait donc après sa séparation d'avec le corps, lui seul corruptible. Pour la cinquième, Bruno maintint sa conception en démontrant encore une fois qu'elle ne s'opposait en rien à l'autorité théologique et en assurant que les saints Pères « malgré leur sainteté, leur bonté et leur exemplarité, ne valent point par leur attention aux philosophes pratiques quant aux choses de la nature » (Cf. A. Mercati, *op. cit.*, n. 256). Pour la sixième et la septième, Bruno invoqua le *Psaume* XVIII, 1 et un passage de la *Genèse* (I, 24). Enfin, pour la dernière proposition, Bruno tint bon, rejetant du même coup ce qui avait été établi sur la question par le concile de Vienne (1311-1312).

3. *Cf.* V. Spampanato *Documenti romani* XXX, *op. cit.*

4. La croyance en des hommes qui auraient existé avant Adam et que l'on trouve dans le *De monade*, s'affirma encore plus tard avec Isaac de la Peyrère (1594-1670), auteur du livre des préadamites — *Praeadamitae...* (1655); cet érudit français fut condamné par le parlement de Paris et dut abjurer son protestantisme.

intégrale. Le philosophe se soumit, mais jamais tout à fait. Plus ses juges devenaient intransigeants, plus le Nolain redoublait d'entêtement. On assista bientôt à un va-et-vient d'intimations, de repentances et de dénégations. Giordano Bruno refusait toujours à l'ultime instant de céder : jamais il n'accepta de reconnaître son hérésie ; jamais il ne revint sur sa conception philosophique de l'univers.

Entre-temps, une autre dénonciation était tombée : on l'accusait d'avoir écrit *L'expulsion de la bête triomphante* contre le pontife et d'avoir laissé derrière lui en Angleterre la réputation d'un athée. Perdant patience, le tribunal donna quarante jours au Nolain pour abjurer ses erreurs, terme au-delà duquel il serait définitivement jugé. Ce délai écoulé, il déclara ne pas être disposé à la rétractation et ignorer ce qui lui était reproché.

Une dernière fois, l'Inquisition essaya d'infléchir sa volonté, mais il protesta d'injustice en alléguant n'avoir tenu, ni écrit aucune proposition hérétique et en suggérant même de venir défendre ses points de vue devant le tribunal. Bref, on voulait le soumettre et il voulait encore convaincre. Mais il était trop tard. Le 20 janvier 1600, Clément VIII, comprenant qu'il avait affaire à un irréductible, ordonna le jugement de l'accusé, considéré comme hérétique formel, impénitent et persistant : Bruno était condamné au bûcher.

Le 8 février, la sentence lui fut lue publiquement chez le cardinal L. Madruzzi, piazza Navona près de Sant'Agnese. Une trentaine de chefs d'accusation lui était imputée, tant ceux dérivant de ses écrits et de ses déclarations que ceux qui se fondaient sur les témoignages de ses dénonciateurs.

Comme tout ecclésiastique, Bruno fut condamné à la dégradation des ordres, à l'expulsion hors du sein de l'Église et à la consignation à la cour séculière avant d'être puni. Mis à l'*Index*, ses ouvrages, du moins ceux que détenait le Saint-Office, furent brûlés sur la place Saint-Pierre.

Le Nolain, à genoux, écouta la sentence. Puis, il se releva et lança : « Vous éprouvez sans doute plus de crainte à rendre cette sentence que moi à l'accepter. »[1]

A l'aube du 17 février 1600, après une dernière semaine de prison, Giordano Bruno dit le Nolain, escorté par la Compagnie de San Giovanni Decollato, fut conduit sur le Campo dei Fiori. Là, « dépouillé de tous ses vêtements et lié à un poteau, il fut brûlé vif. »[2]

1. *Cf.* V. Spampanato, *Documenti romani*, XXX.
2. *Cf. Ibid.* XXIX.

ÉLÉMENTS DE PHILOSOPHIE[1]

L'infini, l'univers et les mondes occupe une place privilégiée dans l'œuvre de Bruno. Troisième dialogue métaphysique écrit à Londres, il s'agit de l'aboutissement[2] de sa pensée cosmologique, autant dire des fondements mêmes de sa philosophie.

D'emblée, son premier dialogue, *La cène des cendres*, traite de la question de l'univers. Lecteur de Copernic[3] et le dépassant pour des raisons qui ne tiennent qu'à la logique de son intuition[4], Bruno est

1. On ne trouvera ici que quelques jalons assurant une meilleure approche de *L'infini, l'univers et les mondes* et non l'exposé détaillé et complet de la vision cosmologique et philosophique de Bruno, au demeurant fort complexe. Pour une information plus ample, on se reportera aux textes critiques signalés en fin de volume dans la bibliographie.

2. Aboutissement en quelque sorte asymptotique car si Bruno développera plus tard la même problématique, il ne dépassera jamais, dans l'ensemble, les résultats provisoires auxquels il est parvenu dans *L'infini, l'univers et les mondes*. Voir plus loin p. 25.

3. On ignore comment Bruno parvint à lire Copernic, d'autant plus que le *De revolutionibus* est absent de toutes les bibliothèques parisiennes au XVIᵉ siècle (*Cf.* Roger Doucet, *Les bibliothèques parisiennes au XVIᵉ siècle*, A. et J. Picard, Paris, 1956, p. 28). Quoi qu'il en soit, l'adhésion aux thèses coperniciennes n'était pas un phénomène isolé, surtout en Angleterre. L'apport décisif du Nolain est d'avoir élargi le concept même d'astronomie. Repoussant le mathématisme du Polonais, Bruno réévalue le concept d'astro-physique aux conséquences philosophiques plus décisives, et « réintègre » finalement « dans sa pensée les résultats du *De revolutionibus* en ce qui concerne le système solaire et le mouvement de la terre » (*Cf.* Hélène Védrine, *La conception de la nature chez Giordano Bruno*, Librairie Philosophique Vrin, Paris, 1967, p. 233).

4. Logique souvent curieuse. En effet, outre les deux mouvements relevés par Copernic, Bruno en signale deux autres hérités de l'astronomie médiévale : inversion des hémisphères et inversion des pôles viennent expliquer la précession des équinoxes et les changements climatiques. Remarquons que ces bizarreries seraient tout à fait possibles si l'observation, aujourd'hui, ne venait les battre en brèche (*Cf.* Schiaparelli, Lettre à Tocco in *Le opere latine di Giordano Bruno esposte e confrontate con le italiane*, Lemonnier, Florence, 1889, p. 316, n. 1)

convaincu que le monde ne se présente pas sur le modèle ptoléméen[1]. Cette conviction vient du reste renforcer tout l'échafaudage de sa *weltanschaung* : on pourrait même dire que, sans la critique du géocentrisme, l'argumentation nolaine s'écroulerait. Contre l'existence d'un monde unique dont notre terre serait le centre, Bruno pose un univers infini peuplé d'une multitude de mondes. Sphérique car hérité de l'interprétation pythagoricienne, l'univers trouvera son centre partout, sa circonférence nulle part[2].

Mais cette conception ne risque-t-elle de s'opposer de front aux théologiens ? Depuis le XIIe siècle en effet, la vision du monde clos a légitimé pour l'Église l'opposition entre le ciel et la terre — et partant le jugement divin entre le bien et le mal. Bruno estime pourtant qu'il ne contrevient en rien à la religion, puisqu'il ne remet pas en cause la nature divine.

Pour le prouver, il élabore un autre dialogue : *La cause, le principe et l'un*. Si Bruno tient à respecter la dignité divine — et rien, dans son œuvre, ne vient prouver le contraire —, il doit donc faire en sorte que la diffusion infinie de l'univers qu'il a supposée soit l'expression de Dieu. Or, Dieu ne saurait être multiple — la thèse panthéiste est donc radicalement impensable. Il est un. Mais l'univers n'est pas seulement à cette image totalisatrice, puisqu'il contient une infinité de mondes : l'univers est multiple. Comment, dès lors, concilier la « complication » de la nature en Dieu et son « explication » dans l'univers[3] ? Le multiple n'est pas cause de soi. Il doit être rapporté à une autre cause — Dieu. Mais qu'est-ce qui unit le multiple à l'un ? La matière ? Non. La matière, dans son éternité[4], compose tous les corps et reste sans qualités. Elle ne se confond pas avec Dieu —

1. Rappelons les thèses cosmologiques contemporaines de Bruno. Ptolémée (IIe siècle) explique dans son *Almageste* que la terre occupe le centre du monde et ne se meut pas : ce sera la conception médiévale de l'Église, puis celle de l'aristotélisme renaissant. L'hypothèse de Copernic (1473-1543), si l'on veut bien faire l'économie du caractère réducteur de la préface d'Osiander au *De revolutionibus*, renverse totalement cette conception : les planètes tournent autour d'elles-mêmes et autour du soleil, centre de ce monde.

Partisan de l'infinitude du monde, Bruno ne peut que rejeter ces deux thèses. La première en totalité, car elle pose un monde clos mû de l'extérieur. La seconde en partie, car le monde copernicien reste tout aussi clos et Bruno ne peut se satisfaire de la perfection géométrique de la sphère pour rendre compte du double mouvement des planètes. C'est donc la vie qui animera ces dernières, soucieuses qu'elles sont d'exposer toutes leurs faces au soleil. Ainsi, c'est encore une fois par un retour aux options animistes du Moyen Age que le Nolain a pu intégrer les découvertes de son temps, y compris le copernicanisme.

2. Toutes les planètes et tous les astres connaîtront le double mouvement copernicien, y compris le soleil.

3. Dieu est donc la forme « pliée », contractée de l'univers infini, qui n'est que son déploiement, sa dilatation.

4. Bruno se débarrasse ainsi du problème de la création du monde.

deuxième rejet du panthéisme — car c'est l'âme universelle, également éternelle, qui lui donne forme, produisant ainsi une diversité d'objets qui nous sont sensibles. Dans le réel, forme et matière ne font qu'un, dans la mesure où l'âme de l'univers est au sein de la matière, autrement dit l'anime[1].

Reste que si Dieu anime le multiple, on serait encore tentés de voir dans la philosophie nolaine quelque préfiguration du spinozisme[2].

Si Bruno veut échapper à la conception d'une nature divinisée susceptible de se passer de Dieu, il faut qu'il explicite ce qui relie l'infinitude divine à celle de l'univers: c'est entre autres l'objet de *L'infini, l'univers et les mondes*. Pour réagir encore une fois contre le modèle aristotélo-ptoléméen, le philosophe renoue pourtant avec la tradition médiévale du commentaire du Stagirite. Cette fois, son analyse du traité *Du ciel* et de la *Physique* lui fait renouveler son argumentation. Tantôt, il se fonde sur la logique (si l'univers est limité, dit-il par la bouche de son double Filoteo, qu'y a-t-il donc au-delà de cette limite?). Tantôt, sur la théologie (une cause infinie — Dieu est perfection et celle-ci se traduit par la puissance de tous les possibles — ne saurait produire qu'un effet infini).

Afin de déterminer ce qui relie l'un au multiple, Bruno passe donc nécessairement par la critique de certains concepts fondamentaux de l'aristotélisme: la définition du lieu, du vide, et surtout du mouvement[3].

Tous ces concepts consolident la conception finitiste[4]. La définition du mouvement, par exemple, conçu comme transport d'un corps d'un lieu dans un autre conduit à l'aporie de plusieurs infinis: « Supposons que l'infini se meuve naturellement ou d'un mouvement forcé; s'il se meut d'un mouvement forcé, c'est aussi qu'il y a un mouvement naturel, ce qui est dire qu'il y a une autre place, un infini comme lui vers lequel il se meut. Or cela est impossible[5]. » Pour Aristote, il n'y a donc pas d'infini en acte[6].

Mais, fait remarquer Bruno, Aristote utilise les critères du fini pour juger de l'infini. Or, un corps infini, du point de vue de sa localisation, ne peut être entendu comme un corps fini. L'idée

1. D'où la comparaison dans *L'infini, l'univers et les mondes* des astres avec des grands « animaux ».
2. Comme semble le conclure Émile Namer. *Cf. La philosophie de Giordano Bruno* in *Cause, principe et unité, op. cit.*, pp. 3-27.
3. Voir la traduction aux dialogues I, III et IV.
4. D'Aristote et partant des théologiens.
5. *Cf.* Aristote, *Physique*, III, 206 b.
6. Aristote a dû conserver l'infini en puissance pour justifier, d'un côté, la validité des calculs mathématiques et, de l'autre, le temps comme mesure du mouvement.

nolaine de l'infini exclut donc tout lieu — l'infini est partout —, tout vide — il est le plein —, et tout mouvement — il est immobile.

Cependant, si cet infini est immobile, comment ne pas assimiler ce qui relève de l'un totalement indéterminé avec ce qui relève du multiple totalement déterminé ? A moins de nier le mouvement, c'est l'impasse. Pour éviter l'écueil parménidien, Bruno distingue ce qui est *dans* l'infini (les mondes considérés sous l'angle de la discrétion) de ce qui est *de* l'infini (les mondes considérés en tant que totalité). Inévitablement, il existe donc deux infinis ou plutôt deux modes d'infinitude : « L'infini-infini, c'est-à-dire l'infini intensif (qui) n'agit ni ne pâtit ; l'infini-fini, c'est-à-dire l'infini extensif (qui) agit et pâtit[1]. »

Tout mouvement ne sera donc que local, puisque l'infini est infigurable. Tout corps ne sera considéré comme grave ou léger qu'en fonction de certaines coordonnées de référence. Pourtant, on peut se demander si cette différence d'infinis n'est pas encore l'effet différé du dilemme un-multiple.

Bien au contraire, c'est grâce à une forme conceptuelle tout à fait originale que Bruno se libère de cette ambiguïté. Si elle n'est qu'implicite dans *L'infini, l'univers et les mondes*, il faut néanmoins en rendre compte ici afin de comprendre au mieux comment sont liés les deux infinis — Dieu et l'univers.

Reprenons l'analyse. Un corps peut être perçu sous l'aspect de sa participation à l'infini (en ce sens, il est infini) et de son intégration à l'infini (en ce sens, il est fini). L'infini-fini, loin de se satisfaire de lui-même, renvoie donc à l'infini-fini qui l'enveloppe.

Mais comment l'infini-fini ou encore l'univers peut-il renvoyer à son opposé, l'infini-infini ? Nul n'ignore que chez Aristote, les contraires s'excluent au nom de ce que nous observons dans la réalité : une chose ne peut être blanche et noire, une phrase affirmative *et* négative, etc.

Dans *La cause, le principe et l'un*, Bruno déclare néanmoins : « Qu'y a-t-il de plus contraire au droit que la courbe ? Pourtant, dans le principe et dans le minimum ils coïncident, comme l'a divinement montré le Cusain, inventeur des plus beaux secrets de la géométrie. Quelle différence trouveras-tu entre l'arc minimum et la corde minima ? De même dans le maximum, quelle différence y a-t-il entre le cercle infini et la ligne droite ? »[2]

---

1. *Cf.* G. Bruno, *De immenso*, I, 1, p. 291.
2. La lecture de *La docte ignorance* de Nicolas de Cues fut fondamentale pour Bruno. Elle a développé chez lui, par delà la critique de la « sainte ignorance » de la théologie positive, le désir de s'élancer vers Dieu (notable surtout dans *Les fureurs héroïques*) au

Reprenant l'un des concepts fondamentaux de Nicolas de Cues (1401-1464)[1], Bruno montre que l'on peut mathématiquement passer d'un contraire à l'autre sur un même plan qualificatif: c'est la *coincidentia oppositorum*[2]. Certes, ce passage à la limite est mathématiquement concevable, car il suffit de l'imaginer pour qu'il existe. Mais, dans la réalité physique, cette coïncidence des contraires reste à prouver. Ce qui valait pour la théologie négative du Cusain ne vaut peut-être pas nécessairement pour l'argumentation cosmologique du Nolain[3]. Alors, Bruno retourne au concept divin — auquel il ne cessa de revenir — et montre comment, par la coïncidence des contraires, on peut passer de son infinitude à celle de son expression universelle. En se dépassant, le fini de l'infini multiple accède à l'infini de l'infini divin. Et cet un qui l'englobe n'est plus statique, immuable: il contient en lui le devenir du multiple qui se change, à la limite, en l'immobilité de l'un.

L'infini-fini de l'univers n'est donc pas méprisable. C'est lui en effet qui, par son existence, « justifie » son contraire, autrement dit Dieu. Ou, pour reprendre l'expression de Bruno, elle-même empruntée à Boèce, l'univers « explique » la substance divine.

De la nécessaire existence de l'infini, héritée des présocratiques et réactualisée par le Cusain, Bruno tire toutes les conséquences qui s'imposent. La remise en valeur des réalités physiques lui fait conclure à leur expression la plus grandiose et la plus audacieuse: l'univers est peuplé d'innombrables mondes.

Or, si l'infini est présent dans chaque partie de l'univers, le modèle physique qui sert à l'organiser doit, pour Bruno, s'inspirer du système solaire: l'héliocentrisme copernicien se reproduit donc *n* fois dans l'espace infini. Aussi les astres sont-ils marqués par la règle de

moyen de la raison, favorisant ainsi d'une manière sans doute excessive une interprétation négativement théologique, proche du Cusain (*Cf.* la thèse de Paul-Henri Michel dans son introduction à la traduction *Des fureurs héroïques*, Les Belles-Lettres, Coll. Les classiques de l'humanisme, 1984, pp. 22-33 ainsi que la thèse de Tocco in *Giordano Bruno e il pensiero del rinascimento*, pp. 72-73). Il ne faudrait pas oublier pourtant que le propos essentiel du Nolain n'est pas tant de légitimer, quand bien même négativement, la présence divine que de connaître l'infinitude divine sous son aspect le plus positif — et, oserions-nous dire « tangible à la pensée »: l'univers et les mondes. Voir, dans cette perspective, la critique du Cusain dans la traduction pp. 109-110.

1. *Cf.* Bruno, *Cause, principe et unité*, trad. E. Namer, *op. cit.* p. 211.
2. Cette coïncidence des contraires ne doit en rien nous rappeler la dialectique de Hegel. En effet, il n'y a pas négation des termes chez Nicolas de Cues; la négativité ne joue ici aucun rôle: la synthèse ne suppose aucune antithèse et revient toujours à la coïncidence indifférenciée.
3. D'où les attaques de certains. *Cf.* Troilo, *La filosofia di Giordano Bruno*, Turin, 1907, p. 76.

l'unité cosmique (puisque l'espace infini est le même pour tous les mondes) et ontologique (car ces mondes sont faits de la même matière). Voilà pourquoi le Nolain n'invente rien d'extraordinaire au-delà de notre propre système: ni « Martiens », ni « tyrannie politique »[1]...

A l'image donc de notre système, il existera des astres chauds (ou soleils) et des astres froids (planètes) où prédominera l'eau, comme sur notre terre[2].

Dans *L'infini, l'univers et les mondes*, Bruno imagine un soleil pareil à un disque métallique brillant, non liquéfiable et à haute température[3]. C'est de ces soleils que la vie des planètes dépend, la chaleur des uns animant par échauffement la froideur des autres. On comprend de ce fait que la distance constante qui sépare soleils et planètes soit à la mesure de cet échange constant et vital.

Pourtant, cette vie astrale, quasi biologique, ne conduit pas Bruno à représenter ce à quoi correspond physiquement cet ailleurs. Encore une fois, il n'est fidèle qu'à sa logique et refuse de laisser libre cours aux vagabondages de l'imagination. Chez lui, point de « science-fiction »[4]. Car, au sens où nous l'entendons aujourd'hui, il faudrait que Bruno se fût fondé sur des résultats technologiques pour mieux les dépasser. La hardiesse de Bruno est plus décisive. Nous devons ses innombrables mondes à l'exercice déductif de sa pensée et à non à des élucubrations pseudo-scientifiques. Le Nolain n'a pas rêvé d'autres mondes: il les a pensés[5].

1. Contrairement aux ouvrages de fiction du siècle suivant. *Cf.* P. Borel, *Discours nouveaux prouvant la pluralité des mondes*, Paris, 1647; F. Godwin, *L'histoire de la lune*, Paris, 1648, trad. J. Baudouin; et Cyrano de Bergerac, *Histoire comique contenant les États et Empire de la Lune*, Paris, 1657. Ce dernier texte reprend tous les arguments de Bruno que Cyrano a sans doute connus à travers les leçons de Gassendi.
2. Voir le IIIe dialogue de la traduction.
3. Inspirée d'Anaxagore, cette conception qui marque toute l'œuvre nolaine variera pourtant avec le temps. *Cf.* G. Bruno, *De immenso*, I, 2, p. 36.
4. Hélène Védrine, *op. cit.*, p. 237, n. 5, nous invite pourtant — *toutes proportions gardées* — à une parallèle plaisant entre l'œuvre de Bruno et les ouvrages de Van Vogt où l'on retrouve le « même dépassement de la logique aristotélicienne, le même art de tirer les conséquences de ce renversement »...
5. De nos jours, l'intuition de mondes innombrables demanderait à être vérifiée par l'expérience scientifique: pour déterminer le vrai, la preuve que livrent les instruments de mesure est devenue une de nos exigences fondamentales. Pour Bruno, il en va tout autrement: la logique interne de son discours cosmologique autant que le nombre d'éléments dont il peut rendre compte légitime ce qui ne serait pour nous qu'une hypothèse: la validité de son discours n'est à trouver que dans ce discours même.
Au XVIe siècle, cette autarcie de l'argumentation s'accorde bien avec la naissance des récits utopistes: c'est en 1518 qu'Érasme publie *L'île d'Utopie* de Thomas More; un peu plus tard seront éditées la *Nouvelle Atlantide* (1620) de Francis Bacon et *La Cité du Soleil* (1623) de Campanella. Mais pour Bruno — *L'expulsion de la bête triomphante* en témoigne —, la solution aux problèmes du présent ne saurait être cherchée dans une réforme

Intuition et démonstration de l'infini, légitimation divine, univers peuplé de mondes innombrables, l'ensemble des thèses de *L'infini, l'univers et les mondes*, ajouté à quelques développements ultérieurs[1], nous invite à nous demander quelle place Giordano Bruno peut occuper actuellement dans l'histoire de nos savoirs et de nos pratiques.

En ce qui concerne la religion chrétienne, si l'on garde de lui le souvenir d'un hérétique qu'on magnifie tantôt pour sa résistance à l'Inquisition[2], tantôt pour la modernité de ses options[3], on aurait tort d'oublier que Bruno, trois fois excommunié, a toujours opté pour une position religieuse tolérante et pour un dialogue ouvert entre philosophes, auxquels il veut être assimilé, et théologiens[4].

Scientifiquement, Bruno, en s'inspirant de l'infinitisme des présocratiques et du *De rerum natura* de Lucrèce, nous apparaît d'abord comme un homme du passé. Cependant, lorsqu'il revoit et corrige le Cusain pour réentreprendre la critique rigoureuse de la cosmologie aristotélicienne, il nous semble déjà annoncer Képler[5], Newton, voire toute l'astronomie moderne[6].

collectiviste de la société, qu'elle soit progressiste (Campanella) ou réactionnaire (More). Ce qui importe, c'est de réformer le ciel, autrement dit de comprendre ce qui unit nécessairement notre monde à l'univers infini. Cosmos et société se répondent. Seule l'ouverture sur les mondes innombrables peut nous donner la clef permettant de comprendre ce que nous sommes. Nous n'appréhendons la vérité qu'à proportion de ce qu'elle reflète de notre participation à la totalité universelle, et par delà à Dieu. Tirant à l'extrême toutes les conséquences de la philosophie nolaine, nous dirions aujourd'hui que c'est la logique de l'infini qui détermine, en dernière analyse, toute histoire sociale.

1. Voir l'apport des œuvres ultérieures à *L'infini, l'univers et les mondes*, en particulier les dialogues moraux et le *De minimo*, qui répond par l'atomisme à la problématique de l'infiniment petit.

2. C'est surtout la thèse positiviste de la fin du XIXe siècle que semble reprendre sous une forme idéaliste, peut-être néo-nietzschéenne, Jean-Noël Vuarnet. Cf. *Giordano Bruno et la différence renaissante* in *Le philosophe-artiste*, UGE, Paris, 1977, pp. 19-50.

3. Quelles n'ont pas été les interprétations de Bruno au XXe siècle ! Préfiguration de Spinoza et de Leibniz et même de Bergson chez Émile Namer (*Cf. op. cit.*), le Nolain va jusqu'à être qualifié de « Teilhard du XVIe siècle » par N. Albessard (*Cf. Planète*, no 8, janvier-février 1963, pp. 31-41).

4. Voir ses rapports avec la théologie durant sa vie pp. 7-17 et la traduction elle-même pp. 69-70.

5. Galilée et Képler évoquèrent en effet les persécutions dont furent victimes les novateurs, faisant sans doute allusion à Bruno. Cf. Lettre de Galilée à Képler du 4 août 1597 et réponse de Képler du 13 octobre 1597 in J. Képler, *Gesammelte Werke*, Munich, MCMXLV, Band XIII, Briefe 1590-1599.

6. De nos jours, après la découverte de milliards de galaxies (les mondes de Bruno ?), la question de l'infinitude de l'univers n'est pas encore tranchée : Stamatia Mavrides (*Les problèmes de la cosmologie* in *Plurisciences*, éd. Universalis, 1978, p. 66) fait justement

En réalité, pour ébaucher une explication renouvelée de la portée philosophique de Bruno, il faudrait sans doute chercher ailleurs et avancer trois hypothèses.

A l'instar de tous les textes philosophiques jusqu'à Descartes[1], la philosophie nolaine reste essentiellement un discours. Éloignée des préoccupations expérimentales qui vont naître avec Galilée et rejetant le langage mathématique de son temps, Bruno fonde son argumentation sur la langue philosophique dont il dispose. Il pense donc en circuit fermé: concepts aristotéliciens, coperniciens ou cusains, il lui est impossible de dépasser le texte de ce qu'il critique. Pourtant, il achoppe sur un impensable, l'infini. Comment dès lors penser cet impensable (qui, de plus, échappe à toute observation)? Bruno a besoin de passer outre à la loi de non-contradiction. Mais comment *dire le contraire* dans un univers mental où ce contraire ne peut exister? C'est Nicolas de Cues, on l'a vu, qui l'aide à ce saut formel grâce à la règle de la *coincidentia oppositorum*.

Première hypothèse donc: Bruno, en intégrant la coïncidence des contraires à son argumentation, est parvenu à fuir le dilemme non-contradictoire du langage aristotélicien.

Mais la règle cusaine est aussi un piège: si elle permet théoriquement de passer d'un opposé à l'autre, elle ne justifie pas ce passage dans la réalité. En effet, l'édification d'une cosmologie du multiple qui nous délivre de l'encerclement aristotélicien oblige Bruno à un retour au concept du divin pour légitimer ce multiple. Et inversement, le Dieu un, immobile et éternel de Bruno n'ajouterait rien au néo-platonisme sans le recours au foisonnement vital de la nature illimitée: sans ce *passage à la limite* de l'univers au divin et de l'infini-infini à l'infini-fini, la philosophie nolaine n'aurait pu réorganiser ni cosmologie, ni métaphysique.

Deuxième hypothèse donc: Bruno, en posant l'interdépendance obligée de l'un et du multiple, s'est dégagé de la fausse alternative *transcendantalisme — immanentisme*.

Troisième hypothèse enfin: Bruno, en se prêtant aisément aux interprétations les plus contradictoires (du spinozisme à l'évolutionnisme teilhardien), a montré qu'il ne doit pas être seulement tenu pour un hérétique religieux.

Refusant le fidéisme tout en soumettant à la critique la logique catégorielle et réaliste d'Aristote, Bruno s'est garanti du côté ratio-

remarquer que le modèle einsteinien (un monde fini mais illimité) ne répond pas à toutes nos questions. Voir également sur la question Hubert Reeves, *L'univers est-il infini?* in *Patience dans l'azur, l'évolution cosmique*, le Seuil, 1981, pp. 35-37.

1. C'est-à-dire jusqu'à l'avènement de la rupture entre *res cogitans* et *res extensa*.

naliste sans pour autant répéter les archétypes conceptuels de son temps. Ignorant tout ou presque de l'expérimentalisme naissant, il s'est inconsciemment préservé d'une épistémologie matérialiste.

Ce dont témoignait ce refus passéiste et aveugle de la mathématique et de la physique modernes, c'est en quelque sorte la préfiguration du *passage à la limite* du savant : sa rencontre avec l'inexplicable. Par ailleurs, ce que Bruno supposait par sa revendication explicite d'une vie foisonnante, héroïque et vraie, c'était sans doute *le passage à la limite* du fidèle : sa découverte de la connaissance scientifique.

Formellement, le Nolain a préféré s'ouvrir aux dilemmes de la logique contradictoire plutôt que de se limiter à un choix, rejetant ainsi les alternatives exclusives et réductrices où les opposés ne peuvent que s'affronter[1].

---

1. Parce qu'il n'a pas posé la négativité comme élément constitutif d'une nouvelle logique, parce qu'il n'a pas voulu ruser avec l'histoire ou la révolutionner, il semble bien que Bruno reste irrécupérable par le renouveau dialectique. A moins d'une réévaluation préhegelienne ou prémarxiste de l'avènement de la dialectique — tentative qui promettrait certainement plus qu'elle ne tiendrait...

LA TRADUCTION

Assez curieusement, la traduction des ouvrages de Bruno est loin d'être achevée en français. A l'heure actuelle, on ne dispose que deux dialogues métaphysiques (*Le banquet des cendres* et *Cause, principe et unité*, trad. Emile Namer) et d'un seul dialogue moral (*Des fureurs héroïques*, trad. Paul-Henri Michel).

Mis à part l'adaptation récente du *Candelaio*[1], le reste est inédit — en particulier, tous les textes latins ; on comprend la difficulté que l'on peut éprouver en France à apprécier Giordano Bruno et la portée philosophique de son œuvre.

Si elle n'est pas la première, la traduction présentée ici est la seule. Emile Namer a établi en 1960 une traduction de *L'infini, l'univers et les mondes* (éd. CUDES, Paris), qui n'est plus disponible actuellement, pas même à la Bibliothèque Nationale. En fait, elle semble bien avoir totalement disparu. Faute d'y avoir accès, nous nous en sommes passés pour établir la nôtre[2].

L'infini, l'univers et les mondes a été publié à Londres en 1584, malgré l'indication de la page de titre[3]. Etant donné le destin très

1. Pour les ouvrages cités, voir la bibliographie générale en fin de volume. Notons du moins que *Le Candelaio* « de » Jean-Noël Vuarnet n'est pas une traduction à proprement parler, mais une adaptation. C'est un problème : en effet, comment peut-on justifier le fait de présenter aux lecteurs français l'adaptation d'une comédie italienne dont on ne connaît pas déjà la teneur réelle ?

2. Quoi qu'il en soit, les traductions de Namer sont souvent marquées par un parti pris panthéiste qui transforme le texte original. A propos de *La cause, le principe et l'un*, Giovanni Aquilecchia le fait également remarquer : « Des erreurs et des méprises ne manquent pas dans la traduction Namer (ainsi que dans ses notes) ». (Préambule à la seconde réédition de la troisième édition Gentile des *Dialoghi Italiani*, Sansoni, Florence, 1985, vol. I, p.XXII).

3. Désignant Venise.

particulier de son auteur, les pratiques de l'époque et la mise à l'*Index* du dialogue, on n'en connaît aucun manuscrit. Il est de coutume, pour le corps brunien, de se fonder sur les quelques exemplaires épargnés par le temps. C'est à partir d'eux que Giovanni Gentile a établi en 1958 la publication de l'intégrale des dialogues, publication qui a été légèrement refondue en 1985 par Giovanni Aquilecchia (*cf.* l'avertissement de G. Aquilecchia à cette éd., *op. cit.*, p. III)[1].

Auparavant, *L'infini, l'univers et les mondes* a été publié plusieurs fois. En 1726, l'Irlandais Toland[2], libre penseur et panthéiste, a exposé son objet et présenté la traduction en anglais de l'épître liminaire. Puis, en 1824, une traduction, injustement attribuée à Jacobi, est parue dans la cinquième partie de la vie et des doctrines des physiciens célèbres de la fin du XVIe et du début du XVIIe siècle ; cette traduction comprenait, entre autres, la quasi totalité de *L'infini, l'univers et les mondes*. Dans leur préface, les deux traducteurs, Rixner et Siber, prétendaient devoir à la libéralité de Jacobi le fait de s'être procuré un exemplaire de ce dialogue. Cette traduction, qui fourmillait d'erreurs, eut peu de succès[3].

En 1830, Adolf Wagner publia pour la première fois en deux volumes les dialogues londoniens[4]. Cette édition était très attendue : elle fut épuisée en moins de quatre ans. Vite introuvable, elle fut très recherchée pendant des décennies. Pourtant, elle contenait encore nombre d'erreurs qu'on répéta lors de la publication partielle de certains dialogues.

Un besoin se faisait sentir de revenir à la pureté du texte de Bruno. C'est ce qu'entreprit le Berlinois Paul de Lagarde. Son édition de 1888 est d'une importance capitale. Elle reproduit presque intégralement l'édition originale ; Gentile note que la comparaison des imprimés originaux avec l'édition Lagarde le prouve constamment. Les adaptations et les approximations de l'éd. Wagner étaient finalement abandonnées. Reste que dans un souci de scrupule absolu, Lagarde donnait à lire un texte souvent incompréhensible. S'appuyant sur la formation de typographe qu'avait reçue Bruno à Genève et qu'il avait assimilée au point de corriger les épreuves de ses textes, Lagarde reproduisit tout l'original, y compris ses défauts : ponctua-

---

1. En ce qui concerne la place des dialogues métaphysiques dans l'œuvre, on voudra bien également se reporter à la préface de G. Gentile, *op. cit.*, pp. XXIX-LI.
2. John Toland, *Collection of several pieces with some memoirs of his life and writings*, Peele, Londres, 1726, vol. I, pp. 304-49.
3. *Cf.* G. Gentile, *op. cit.*, p. XXXIX.
4. *L'infini, l'univers et les mondes* y figure au début du second volume.

tion injustifiée, orthographe approximative ou archaïque, pagina-
tion incohérente, napolétanismes, syntaxe embrouillée, etc.

Ce désir de fidélité au texte, l'édition Gentile-Aquilecchia (notée
éd. GA dans cette édition) ne l'a pas retenu aveuglément. Elle n'a
pas voulu retenir ce qui pouvait entraver la lecture du texte ; partout,
par exemple, la ponctuation a été modifiée dans ce souci de clarté.

Pour établir notre édition, nous avons tenu compte de cette éd.
GA. Nous avons estimé que la complexité du propos suffisait pour ne
pas y ajouter de surcroît le *grano salis* d'un purisme déplacé. Nous
n'avons pas pour autant simplifié le discours de Bruno.

En ce qui concerne le titre (*De l'infinito, universo e i mondi*), nous
avons préféré faire disparaître sa latinisation. Si Paul-Henri Michel
la conserve dans sa traduction (*Des fureurs héroïques, op. cit.*), c'est
sans doute pour mettre l'accent sur son aspect de traité. Pour nous,
deux arguments nous ont retenu d'en faire autant. Premièrement,
nous ne sommes pas convaincus que *L'infini, l'univers et les mondes*
se présente sous la forme d'un traité. Il s'agit aussi d'un dialogue vif
où la parole peut atteindre l'invective, et nous n'avons pas voulu
donner une impression de rigueur là où le texte, souvent, se veut
avant tout satirique et combatif. Deuxièmement, il n'est plus d'usage
aujourd'hui d'intituler des traités à la manière latine. Lecteurs et
lecture ont changé. Nous estimons que nous nous adressons en
priorité aux lecteurs actuels et non aux lecteurs imaginaires (et
inexistants) des textes du xvie siècle[1].

On a beaucoup écrit sur la virgule qui sépare dans le titre *infini*
d'*univers*. Notre choix, qui consiste à la conserver, se fonde sur
plusieurs raisons irréfragables. D'abord, il est vrai comme le souligne
Giovanni Aquilecchia que l'ordre même des matières fait aborder en
premier lieu l'infini, puis l'univers. Ensuite, l'éd. de 1584, établie par
Bruno lui-même, marque cette virgule. Enfin, la transcription latine
du titre faite par l'auteur précise : *De infinito et universo et mundis*[2].
Et si cette série de remarques ne suffisait pas, notons simplement que
dans l'exposé de son argumentation, Bruno signale dans son épître
liminaire que ce dialogue porte sur trois éléments : l'infini, l'univers
et les mondes[3].

Ces deux derniers mots ne sont pas toujours employés par Bruno
avec justesse : parfois, il confond l'*univers* ou totalité de l'infiniment

---

1. Cette remarque vaudrait sans doute beaucoup moins pour un texte poétique (pen-
sons à l'effort d'André Pézard, par exemple, dans sa transcription de la *Divine comédie*
dans les *Œuvres complètes* de Dante, Gallimard, Bibliothèque de la Pléiade, 1965).
2. *Cf. De rerum principiis* in *Opera*, III, 559.
3. *Cf.* la traduction p. 40.

fini avec *le monde*, partie de cette totalité ; et cette confusion augmente lorsqu'il parle de *ce monde* pour qualifier seulement le nôtre. Pour donner à lire un texte fluide, nous avons fait toutes les distinctions qui nous semblaient s'imposer et, en cas d'ambiguïtés, nous avons précisé par des notes ce qu'il convenait de comprendre.

Dans une traduction, les formes dialectales, à défaut de véritable équivalent, font problème. Dans un souci de clarté, nous avons choisi de ne pas rendre les napolétanismes de l'auteur[1] ; le seul que l'on relèvera et que nous avons adapté aux critères syntaxiques de notre langue se trouve dans le passage fréquent du *vous* au *tu*, et inversement[2].

On notera par ailleurs certains néologismes que nous avons traduits aussi près que possible de l'original ; ils témoignent très probablement de la rapidité avec laquelle le philosophe composa ses dialogues.

Du point de vue syntaxique, le plus souvent, nous n'avons pas changé l'ordre des mots, ni celui des phrases. En revanche, nous avons écourté certaines suites de phrases, dont l'effet baroque eût été des plus fastidieux aujourd'hui. Quant aux paragraphes, nous avons parfois procédé à des retours à la ligne qui assurent une meilleure approche de l'argumentation. Signalons que ces modifications ne représentant que peu de transformations par rapport au texte original, nous n'avons pas jugé utile de les préciser.

La rhétorique scolastique, le ton satirique et une poésie postpétrarquisante marquent le style du Nolain. Nous avons donc tenu à en rendre compte, sans pour cela donner à lire un texte dont les archaïsmes auraient entravé le plaisir de la lecture.

Pour le lexique philosophique, nous n'avons expliqué que certains concepts plus complexes et fait appel autrement aux connaissances moyennes d'un lecteur averti.

Avec l'annotation, notre but était de faciliter la compréhension du texte et de permettre à un esprit plus exigeant de se reporter à la consultation d'autres ouvrages. Dans cette perspective, nous avons bien entendu limité les références aux textes qui n'étaient pas français. Reste que nous n'avons pas oublié de signaler toutes les fois où nous l'avons jugé nécessaire les pistes qui permettraient de dégager de cette traduction un acquis plus important.

Hormis les notes en bas de page, on trouvera certains mots ou

---

1. Ici aussi, ce qui vaut pour un texte philosophique ne vaudrait sans doute pas pour un texte littéraire.

2. Sur ce napolétanisme du XVIᵉ voir l'éd. GA, *op. cit.*, vol. I, p. 223 nᵒ 2, pp. 447, 490, etc.

passages entre crochets []. Ceux-ci signalent des précisions qui s'ajoutent au texte original. Elles permettent une lecture plus allégée du texte et évitent les confusions ou les erreurs qu'a rendu possibles l'auteur lui-même (ces ajouts de traducteur sont en particulier décisifs pour les démonstrations mathématiques, lorsque Bruno peut nous égarer).

Outre l'éd. GA, nous nous sommes inspirés de la traduction en anglais de Dorothea Waley Singer[1], notée éd. S. Ses explications[2] et ses annotations développent certains aspects du texte qui méritaient d'être mis en lumière.

Les traductions du latin sont de notre cru. Nous avons préféré traduire toutes les citations ou expressions, même brèves[3], afin de donner à lire un ensemble homogène, accessible à tous — comme le fut ou voulait l'être pour son public ce texte en 1584.

Enfin, pour les figures, nous avons reproduit celles de l'éd. GA qui nous ont paru les plus lisibles, les moins propres à l'ambiguïté.

Outre le dédicataire qui protégea un temps Bruno[4], *L'infini, l'univers et les mondes* présente différents personnages qui ne sont pas tous présents d'un bout à l'autre du dialogue.

Filoteo, quelquefois transcrit dans le texte original Teofilo[5], est le double de Bruno ; il suffit de considérer un instant l'étymologie de ce prénom pour réaliser le sens qui lui est donné (*philo-theos*, qui aime Dieu). Ce double revient d'ailleurs souvent dans les dialogues : on le trouve dans *La cène des cendres* et *La cause, le principe et l'un*. C'est lui qui a pour fonction d'expliquer la philosophie nolaine aux autres interlocuteurs.

Fracastorio est la transcription latine de Girolamo Fracastoro (1483 ?-1553), poète et astronome véronais (*Homocentrica*). Bruno citera son œuvre dans le *De immenso* (IV, 9) et sans doute la création de ce double témoigne de l'intérêt que le philosophe portait aux travaux de Fracastoro lorsqu'il écrivit *L'infini, l'univers et les mon-*

---

1. Dorothea Waley Singer, *Giordano Bruno, His Life and Thought, With Annotated Translation of His Work « On the Infinite Universe and Worlds »*, Henry Schuman, New York, 1950, trad. pp. 225-378.

2. A l'instar de la distinction entre *univers* et *monde*, l'éd. S marque bien ce qui oppose chez Bruno le concept de *lieu* (d'origine aristotélicienne et définissant l'endroit qu'occupe nécessairement un corps) et celui d'*espace* (lieu de toute la matière infinie).

3. Désireuse de les fondre dans le texte italien, la traduction n'a pas fait le relevé de ces expressions brèves, dont l'emploi ne dévoile rien — hormis l'influence du latin chez les esprits aristotéliciens.

4. *Cf. Histoire Générale et Chronique des Maréchaux de France*, vol. IX, 588, Bibliothèque Nationale, Cas. 9, nº 31 (cité par Emile Namer dans sa trad. *Cause, principe et unité, op. cit.*, p. 29, nº 1).

5. Nous n'avons pas tenu compte de cette variante.

des. C'est en tout cas la thèse de l'éd. GA qui signale que Bruno en avait fait de même pour Tansillo dans *Les fureurs héroïques*.

Elpino et Burchio sont très probablement deux personnages imaginaires. Le premier tient le rôle du disciple (L'éd. GA note que « sa puissance n'est pas actualisée par l'acte de Fracastorio » — *cf.* la trad. p. 43 —, comprenons que son intelligence n'a pas encore atteint le degré de Fracastorio, ou plutôt ici de Filoteo)[1]. L'éd. S propose une autre thèse qui verrait en Elpino un critique de la théorie de Copernic, Thomas Hill (*hill* en anglais signifiant *colline*, d'où *Elpino* pour *alpin*)[2]. Quoi qu'il en soit, Elpino symbolise manifestement un disciple. Aristotélicien au début du dialogue, il est finalement convaincu par les thèses de Filoteo.

Burchio ressemble, lui, au Gervasio de *La cause, le principe et l'un*. Modèle de sens commun[3], il est balourd et gâté par les préjugés d'Aristote. Impossible à convaincre du fait de son entêtement imbécile, il disparaît à la fin du troisième dialogue sous les moqueries des autres protagonistes.

Au cinquième dialogue apparaît un nouvel interlocuteur, Albertino. Après l'exposé de toutes les hypothèses et la critique de celle de l'éd. S qui veut en faire le grand juriste Alberico Gentili, l'éd. GA rappelle l'existence d'un certain Gentile Albertino, ami de la famille de Bruno[4]. Il reste que ce personnage est comme le double amélioré d'Elpino. Assez curieusement, plus au fait que ce dernier et pourtant partisan de la pensée d'Aristote, il ne prend qu'un dialogue pour être lui aussi convaincu par Filoteo. Il s'agit, sans aucun doute, d'une forme de renforcement du pouvoir de persuasion de la philosophie nolaine.

Il est un personnage qui marque de sa présence, par delà le double Filoteo, tout le dialogue métaphysique et qu'on pourrait difficilement négliger. Ce personnage, c'est Giordano Bruno lui-même. Car *L'infini, l'univers et les mondes* presque autant qu'un dialogue cosmologique et plus loin, on l'a vu, métaphysique, se présente comme une part d'autobiographie.

D'emblée, l'épître liminaire en témoigne, qui affiche longuement à côté du résumé de l'argumentation les états d'âme, les espoirs et les craintes de l'auteur. Puis, c'est le tour d'Albertino à la fin du texte[5].

---

1. *Cf.* le sage Elpino dans l'*Aminta* du Tasse, publié en 1580.
2. *Cf.* éd. S, *op. cit.*, p. 39.
3. *Cf.* l'épître liminaire de la trad. p. 47 : « Tandis que Fracastorio s'accommode de l'esprit de Burchio. »
4. *Cf.* éd. GA, *op. cit.*, pp. 496-498.
5. Voir la traduction pp. 173-174.

C'est que Bruno parle de lui à travers sa philosophie. Il ne peut s'empêcher de se mettre en avant, car il fait corps avec sa pensée. Dans ses dialogues, il dresse à plusieurs reprises son autoportrait, prenant soin et de se ménager et de se peindre tel quel. Cette omniprésence discrète et cependant visible du philosophe dans toute son œuvre, c'est cette part de vérité singulière qui lui a sans doute interdit de transiger au jour de son procès.

« Académicien de nulle académie »[1], Bruno s'est préféré à la pensée d'autrui. Et, se préférant même à la vie, Bruno s'est donné à sa vérité. C'est sans doute ce qu'on a refusé de lui pardonner, mais c'est certainement ce qui restera par excellence de son œuvre.

1. C'est ainsi que Bruno se surnomme dans le *Candelaio*.

L'INFINI, L'UNIVERS ET LES MONDES

traduction

ÉPITRE LIMINAIRE

adressée à l'illustrissime
MESSIRE MICHEL DE CASTELNAU

Seigneur de Mauvissière, de Concressault et de Joinville, Chevalier de l'ordre du Roi très Chrétien, Conseiller en son Conseil privé, Capitaine de cinquante hommes d'armes et Ambassadeur près la Sérénissime Reine d'Angleterre.

Ilustrissime Chevalier, si j'étais laboureur, berger, jardinier ou tailleur, personne ne ferait cas de moi, on m'observerait peu, on me blâmerait rarement ; je pourrais facilement plaire à tous. Mais, parce que je délimite le champ de la nature, entretiens les pâturages de l'âme, encourage la culture de l'esprit et suis fin connaisseur des parures de l'intellect, qui m'aperçoit me menace, qui me dévisage m'assaille, qui vient à ma hauteur me mord et qui me comprend me dévore. Ce n'est pas un cas unique ou rare, mais fréquent, presque constant. Si vous tenez à comprendre pourquoi, sachez que l'universel me déplaît, que je hais le vulgaire, que la multitude me contrarie. L'Un, tel est mon amour. L'Un me rend libre dans la sujétion, comblé dans l'épreuve, riche dans la nécessité, et vivant dans la mort. L'Un ne me rend point jaloux de ceux que la liberté asservit, que le plaisir torture, que la richesse appauvrit et que la vie anéantit. Car le corps de ceux-là est enchaîné ; l'enfer déprime leur esprit, l'erreur empoisonne leur âme et la léthargie tue leur intelligence. Nulle magnanimité ne les délivre, nulle longanimité ne les élève, nulle splendeur ne les illumine, nulle science ne les exalte. Par conséquent, je ne saurais par lassitude m'éloigner du chemin ardu, ni par paresse baisser les bras devant l'œuvre qui se présente, ni par désespoir tourner le dos à l'ennemi qui m'affronte, ni par éblouissement détourner les yeux de l'objet divin. Cependant, je sens qu'on me tient, le plus souvent, pour un sophiste plus soucieux de paraître subtil que de révéler le vrai; pour un ambitieux, plus préoccupé de créer une secte nouvelle et fausse que d'affermir l'ancienne et la vraie; pour un oiseleur qui va pourchassant la splendeur de la gloire, en avançant des ténèbres d'erreurs; et pour un esprit inquiet, qui renverse l'édifice des bonnes disciplines pour fonder des échafaudages de perversité.

Que les puissances célestes, monseigneur, offrent à mes yeux tous ceux qui me haïssent injustement, que mon Dieu me soit toujours propice, que tous les gouvernants de ce monde me soient favorables, que les astres me donnent de quoi cultiver et semer, que la récolte de mon travail paraisse utile et glorieuse au monde, que les âmes s'éveillent et que ceux qui sont sans lumière soient illuminés! Car assurément je ne feins point. Et si j'erre, c'est contre mon gré. Quand je parle et quand j'écris, je ne dispute point par amour de la victoire (car j'estime ennemies de Dieu, des plus viles et des plus ignobles, toutes réputation et victoire dénuées de vérité). Mais c'est par amour fervent de la sagesse et de l'observation vraies que je m'épuise, m'inquiète et me tourmente. Voilà ce qu'offriront et démontreront mes arguments, soumis à des raisonnements vivaces, issus eux-mêmes de sens sans défaut que d'authentiques phénomènes ont instruits. En effet, ces phénomènes, tels de fiables ambassadeurs, émergent des objets de la nature; ils se montrent à ceux qui les cherchent, paraissent évidents à ceux qui les observent attentivement, clairs à ceux qui les appréhendent, certains à ceux qui les comprennent.

Voici maintenant le résultat de mes observations sur l'infini, l'univers et les mondes innombrables.

Argument du premier dialogue[1]

Vous apprenez PREMIÈREMENT dans le premier dialogue que l'inconstance de nos sens démontre que les sens ne sont pas source de certitude, mais qu'ils n'y parviennent que par la comparaison et le rapport entre un objet sensible et un autre, entre un sens et un autre, de sorte que la vérité se déduit d'objets divers.

---

1. On prendra soin de bien distinguer les deux acceptions du terme *argument*: tantôt, la preuve d'une démonstration; tantôt, l'exposé même de cette démonstration, autrement dit l'argumentation.

DEUXIÈMEMENT, on commence à démontrer l'infinité de l'univers[1] et le premier argument découle de l'impossibilité de limiter le monde, impossibilité où se trouvent ceux qui voudraient lui édifier des murailles.

TROISIÈMEMENT, on montrera qu'il est impropre de dire du monde qu'il est fini et contenu en lui-même, car pareille condition ne convient qu'à l'immense, comme l'a démontré le deuxième argument. De plus, le troisième argument est fondé sur le caractère inadéquat et impossible de l'hypothèse suivant laquelle le monde n'occuperait aucun lieu. En effet, il s'ensuivrait immanquablement qu'il serait dénué d'être, attendu que toute chose corporelle ou incorporelle occupe corporellement ou incorporellement un lieu.

Le QUATRIÈME argument se fonde sur une démonstration ou question très urgente avancée par les Épicuriens :

Évidemment, si l'espace entier était limité et si quelqu'un s'élançait jusqu'à ses frontières ultimes pour lancer un trait ailé, cette flèche, projetée d'une main puissante, s'envolerait-elle au loin vers sa cible, ou penses-tu qu'un obstacle entraverait sa course ? [...] Car, qu'elle manque son but en cas d'obstacle ou que le passage reste libre, cette flèche ne saurait être décochée des confins de l'univers[2].

CINQUIÈMEMENT, il est montré que la définition du lieu donnée par Aristote ne convient pas au lieu premier, vaste et universel, et qu'il est inadéquat de prendre en considération la surface la plus proche du contenu ou d'autres futilités qui tiennent le lieu pour une chose mathématique et non physique. Sans compter qu'entre la surface du contenant et le contenu qui s'y déplace, il y a toujours et inévitablement un espace intermédiaire qu'il conviendrait plutôt de nommer lieu ; et si nous voulons ne tenir compte que de la surface de l'espace, il nous faudra aller chercher un lieu fini dans l'infini.

SIXIÈMEMENT, si nous posons un monde fini, il est impossible de ne pas poser l'existence du vide, si le vide est entendu comme ce qui ne contient rien.

SEPTIÈMEMENT, l'espace où se trouve notre monde, si ce monde ne s'y trouvait pas, serait entendu comme vide, puisque là où n'est pas ce monde, il faut qu'il y ait un vide. En deçà de ce monde, donc, cet espace équivaut à cet autre ; la qualité du premier est aussi celle de l'autre ; par conséquent, cette qualité est en acte, car nulle qualité

---

1. Sur l'usage des termes *univers* et *monde* chez Bruno, voir la présentation p. 32.
2. Lucrèce, *De la Nature*, I, 968-973, 977-979. Extrait modifié par Bruno aux v. 968, 971, 977 et 979.

n'est éternelle sans être actuelle, elle est en effet éternellement liée à l'acte ou plutôt elle est l'acte lui-même, car dans l'éternité il n'est point de distinction entre l'être et le possible.

HUITIÈMEMENT, aucun de nos sens ne nie l'infini, car on ne saurait nier l'infini du seul fait qu'il n'est pas compris par nos sens ; mais comme nos sens sont compris par l'infini et que notre raison confirme son existence, il nous faut donc poser cette existence comme certaine. Et, à y regarder de plus près, nos sens posent l'univers comme infini. En effet, nous voyons toujours une série infinie d'objets compris par d'autres, mais nous ne percevons jamais avec nos sens, ni externes ni internes, une chose qui ne soit pas comprise par une autre, semblable ou différente.

En effet, devant nos yeux, les corps sont bornés par d'autres corps : l'air limite les collines, les montagnes l'air, la terre la mer, et la mer limite toutes les terres ; mais au-delà du grand-tout, il n'est rien hors de lui qui le borne. [...] Tant il est vrai qu'un espace immense, sans limites, s'offre aux choses çà et là, de tous côtés.[1]

De ce que nous voyons, il nous faut donc plutôt déduire l'existence de l'infini, parce qu'il n'est point de chose qui ne s'achève en une autre et qu'aucun objet dont nous pouvons faire l'expérience ne s'achève en lui-même.

NEUVIÈMEMENT, l'espace infini ne saurait être nié qu'en paroles, comme le font les obstinés. De fait, le reste de l'espace où l'univers n'est pas, qui se nomme vide et où l'on feint en effet que rien n'existe, ne saurait être conçu sans l'aptitude à ne contenir pas moins que ce qu'il contient.

DIXIÈMEMENT, l'existence de ce monde n'est pas moins bonne que celle de chacun des autres mondes infinis[2].

ONZIÈMEMENT, la bonté de ce monde n'est pas communicable à quelque autre monde que ce soit, tout comme mon être ne saurait se communiquer à celui de tel ou tel homme.

DOUZIÈMEMENT, il n'est ni raison, ni sens qui, étant donné l'infini indivisible, absolument simple et compliquant que nous posons, ne permettent également l'existence d'un infini corporel et expliqué.

TREIZIÈMEMENT, notre espace, qui nous semble si grand, n'est ni partie, ni tout par rapport à l'infini. Il ne saurait être sujet d'une opération infinie et, comparé à celle-ci, ce qui peut être compris par notre esprit imbécile est un non-être. On répondra à une certaine

---

1. *Ibid.* 998-1001 et 1006-1007. Extrait modifié par Bruno au v. 998.
2. Il faut comprendre ici comme plus loin que ces autres mondes sont en nombre infini.

objection que nous posons l'infini non en nous fondant sur la dignité de l'espace, mais sur celle de la nature des mondes. En effet, l'existence de ce monde est aussi fondée que celle d'autres mondes, dont la puissance n'est pas plus actualisée par l'être de ce monde que celle d'Elpino ne l'est par l'être de Fracastorio[1].

QUATORZIÈMEMENT, si la puissance infinie active actualise l'être corporel et dimensionné, cet être doit être nécessairement infini; sans quoi, on dérogerait à la nature et à la dignité du créateur et de la création.

QUINZIÈMEMENT, l'univers, tel qu'il est conçu vulgairement, ne saurait comprendre la perfection de toute chose, sinon dans la mesure où je puis comprendre la perfection de tous mes membres et où chaque globe comprend tout ce qui est en lui : ce qui revient à dire qu'est riche celui à qui il ne manque rien de ce qu'il possède.

SEIZIÈMEMENT, quoi qu'il en soit, s'il n'était pas doué de l'effet qui lui est propre, l'infini efficient resterait déficient, et nous ne saurions concevoir qu'un tel effet se réduise à l'infini efficient lui-même. De plus, si tel était ou pouvait en être l'effet, rien ne saurait lui être soustrait de ce qui est le propre de l'effet, à savoir ce que les théologiens nomment action *ad extra* et transitive, en plus de l'action immanente; il convient donc que l'infini efficient ait un effet infini.

DIX-SEPTIÈMEMENT, dire du monde[2] qu'il est sans bornes est source de quiétude pour notre esprit, alors qu'affirmer le contraire nous procure des difficultés et des inconvénients innombrables. Plus loin, nous reprenons ce qui a été dit dans les DEUXIÈME et TROISIÈME arguments.

DIX-HUITIÈMEMENT, si le monde est sphérique, il est figuré et limité; et la limite, qui est pourtant au-delà de ce qui est limité et figuré (encore qu'il te plaise de la nommer *rien*), est également figurée, de sorte que la concavité de cette dernière est jointe à la convexité de la première. En effet, là où commence ce que tu nommes *rien* se trouve une concavité qui est tout à fait indifférente à la surface convexe de notre monde.

DIX-NEUVIÈMEMENT, ce qui a été dit dans le DEUXIÈME argument est développé.

VINGTIÈMEMENT, ce qui a été dit dans le DIXIÈME argument est repris.

Dans la deuxième partie de ce dialogue, ce qui a déjà été prouvé

1. Interlocuteurs de Bruno dans ces dialogues.
2. Il faut comprendre ici par monde (*mondo*) univers. Voir ce problème dans la présentation p. 32.

pour la puissance passive de l'univers se démontre pour la puissance active de la cause efficiente ; on se sert d'arguments dont le PREMIER se déduit de l'efficace divine qui ne saurait être vaine — en particulier, en posant l'effet en dehors de la substance (si quelque chose peut en effet lui être extérieur) — et du fait que cette efficace n'est pas moins vaine et envieuse, qu'elle produise ou non un effet fini.

Le DEUXIÈME argument est pratique. Il montre que la conception inverse nierait la bonté et la grandeur divines. Alors que la nôtre n'occasionne aucun inconvénient, ni à l'égard de telle ou telle loi, ni de telle ou telle question de théologie.

Le TROISIÈME argument est la converse du douzième de la première partie. Il expose la différence entre le tout infini et le totalement infini.

Le QUATRIÈME argument montre que, faute de volonté et de pouvoir, l'omnipotence s'est rendue coupable d'avoir créé le monde fini, d'être l'agent infini d'un sujet fini.

Le CINQUIÈME argument démontre que si l'omnipotence ne crée pas le monde infini, elle ne saurait le créer ; et si elle n'a pas la puissance de le créer infini, elle ne peut être assez vigoureuse pour le conserver à l'infini. Et si le monde est fini sous un certain aspect, il le sera également sous tous les autres, car en lui chaque mode est un objet, et chaque objet et chaque mode sont une seule et même chose, l'un comme l'autre.

Le SIXIÈME argument est la converse du dixième de la première partie, et montre la raison pour laquelle les théologiens défendent non sans justesse le point de vue contraire, puis traite de l'amitié qui unit ces doctes aux doctes philosophes.

Le SEPTIÈME expose la raison qui distingue la puissance active des actions diverses, et développe cet argument. Plus loin, la puissance infinie, conçue intensivement et extensivement, est plus sublimement montrée que ne l'a jamais fait la communauté des théologiens.

Le HUITIÈME démontre que le mouvement des mondes infinis[1] ne résulte pas d'un moteur extrinsèque mais de leur âme propre, et que malgré cela il existe un moteur infini.

Le NEUVIÈME montre comment le mouvement infini peut se vérifier intensivement dans chacun des mondes. Il faut ajouter à cela que, puisque chaque corps mobile se meut et est mû à la fois, il peut être vu à chaque point du cercle qu'il décrit autour de son centre. Enfin, nous reviendrons en d'autres occasions sur cette objection,

---

1. Encore une fois, il est préférable de parler d'une infinité de mondes plutôt que de mondes infinis (*Cf.* éd. S p. 231, n.2 & p. 235, n.1).

lorsqu'il conviendra de présenter notre doctrine d'une manière plus complète.

Argument du deuxième dialogue.

C'est à la même conclusion que parvient le deuxième dialogue. PREMIÈREMENT, quatre arguments sont développés. Le premier montre que tous les attributs de la divinité ne sont qu'une seule et même chose. Le deuxième explique que notre imagination ne saurait s'étendre au-delà de l'action divine. Le troisième postule que rien ne différencie l'intellect divin de l'action divine, et démontre que cet intellect ne conçoit pas moins l'infini que le fini. Le quatrième argument pose la question suivante : si la qualité corporelle perceptible à nos sens est douée de puissance active infinie, quelle sera dès lors la totalité absolue de la puissance active et passive inhérente à la totalité des choses ?

DEUXIÈMEMENT, il est démontré d'abord qu'un objet corporel ne peut être borné par un objet incorporel mais soit par le vide, soit par le plein ; ensuite que, de toute façon, c'est l'espace qui se trouve hors du monde, lequel espace n'est rien d'autre que de la matière et la puissance passive elle-même, où la puissance active, ni vaine ni envieuse, s'actualise. Enfin, on montre combien est vain l'argument d'Aristote touchant à l'incompatibilité des dimensions.[1]

TROISIÈMEMENT, on enseigne la différence qui existe entre le monde et l'univers, car celui qui déclare que l'univers n'est qu'un seul infini distinguera nécessairement ces deux termes.

QUATRIÈMEMENT, on développe les arguments contraires qui posent l'univers comme fini : c'est Elpino qui rapporte toutes les sentences d'Aristote et Filoteo qui les examine. Certains de ces arguments ont trait à la nature des corps simples, d'autres à celle des corps composés ; et l'on montre la vanité de six arguments découlant de la définition des mouvements qui ne peuvent pas être infinis, et d'autres propositions dénuées de propos et de fondement, comme on le voit par nos arguments. Ceux-ci, en effet, montrent ce qui justifie naturellement les différences de mouvement et leur finitude et, dans la mesure du possible, ce que représente véritablement la connaissance des impulsions fortes et faibles. Car nous expliquons qu'un corps infini n'est en lui-même ni lourd, ni léger, et de quelle manière

---

1. *Cf.* Aristote, *Physique*, IV, 2, *Cf.* Platon, *Timée*, 52. Comme le souligne justement l'éd. S, Aristote combat ici l'identité de la matière et de l'espace.

un corps fini peut ou non subir de telles variations. Ainsi, on voit clairement combien sont vains les arguments d'Aristote qui s'opposent à l'existence d'un monde infini, en particulier lorsqu'il suppose un centre et une circonférence, et soutient que notre terre atteint ce centre, que le monde soit fini ou infini. En conclusion, il n'est nulle proposition grande ni petite, avancée par ce philosophe afin de détruire l'infinité du monde, soit dans le premier livre de son *Du ciel*, soit dans le troisième de sa *Physique*, qui ne soit discutée beaucoup plus qu'assez.

Argument du troisième dialogue

Dans le troisième dialogue, on nie PREMIÈREMENT cettte vile illusion de la figure, des sphères et de la diversité des cieux. On affirme que le ciel est un, que c'est un espace général qui embrasse les mondes infinis, même si nous ne nions pas qu'il existe d'autres cieux infinis, admettant pour ce mot une autre acception; ainsi, si cette terre a bien son ciel, qui est la région où elle se meut et qu'elle parcourt, il en va de même pour chacun des autres mondes innombrables. On montre d'où vient l'imagination de tant de corps mobiles déférents, et si figurés qu'ils ont deux surfaces externes et une cavité interne[1], et l'illusion d'autres recettes et médicaments, qui donnent autant la nausée et font autant horreur à ceux-mêmes qui les prescrivent et les concoctent qu'aux malheureux qui les avalent.

DEUXIÈMEMENT, nous exposons combien le mouvement général et celui desdits excentriques, et de tous ceux qui pourraient se référer audit firmament, sont illusoires ; ils dépendent du mouvement que fait la terre avec son centre sur l'écliptique et de quatre autres différences de mouvement auquel elle procède sur elle-même. Partant, il reste que le mouvement de chaque étoile résulte de la différence de position, qui peut se vérifier subjectivement en elle en tant que corps se mouvant de par lui-même à travers le champ de l'espace. Cette considération permet de comprendre que tous les arguments touchant au mobile et au mouvement infinis sont vains et fondés sur l'ignorance du mouvement de notre globe.

TROISIÈMEMENT, on avance que toutes les étoiles se meuvent comme la nôtre et d'autres encore, qui sont si proches de nous que

---

1. L'éd. S préfère la dénomination de *corps subordonnés entre eux*, et propose ce commentaire : *c'est-à-dire dont l'orbite dépend des trajectoires circulaires de l'orbe déférent et de l'épicycle, et qui est elle-même circulaire.*

nous pouvons percevoir les différences locales de leurs mouvements[1]. Mais les soleils où le feu prédomine se meuvent différemment des terres où l'eau prédomine. Ainsi, on peut comprendre d'où provient la lumière que diffusent les étoiles : les unes brillent d'elles-mêmes, les autres du fait de la réflexion.

QUATRIÈMEMENT, on montre comment les corps les plus éloignés du soleil autant que les plus proches peuvent participer à sa chaleur, et l'on vérifie la sentence attribuée à Épicure suivant laquelle un seul soleil suffit à l'univers infini[2]. Enfin, on explique la véritable différence qui existe entre les astres qui scintillent et les autres.

CINQUIÈMEMENT, on s'interroge avec le Cusain[3] sur la matière et l'habitabilité des mondes, et sur la cause de la lumière.

SIXIÈMEMENT, on montre que, même si certains corps sont lumineux et chauds de par nature, il ne s'ensuit pas que le soleil éclaire le soleil et la terre la terre, ou que l'eau s'éclaire elle-même. Mais la lumière provient toujours d'un astre opposé, à l'instar de ces flots qui s'illuminent devant nous, du sommet de certaines éminences, de certains monts. Mais si nous étions cette mer, si nous nous y trouvions, nous ne verrions rien resplendir si ce n'est sur ce faible espace où la lumière du soleil et celle de la lune s'opposent à nous.

SEPTIÈMEMENT, on traite de l'inutilité des quintessences. On déclare que tous les corps sensibles ne sont rien d'autre que ceux de notre terre : ils sont composés des mêmes principes proches ou premiers et ils ne connaissent pas d'autre mouvement que rectiligne ou circulaire. Tout cela est développé conformément au sens commun, tandis que Fracastorio s'accommode de l'intelligence de Burchio. Puis, on montre clairement qu'il n'est point ici d'accident qui ne soit également dans d'autres mondes. En effet, il n'est rien qui ne saurait être vu ici qui ne puisse être vu là-bas et, tout bien considéré, inversement. Par conséquent, ce bel ordre et cette échelle de la nature[4] n'est qu'une douce chimère, un racontar de gâteuse.

HUITIÈMEMENT, bien que la distinction entre les éléments soit vraie, leur ordre, tel qu'il est communément posé, ne nous est en aucune façon sensible ou intelligible. Selon Aristote, les quatre

1. L'éd. S explicite : *les différences entre leurs orbites et entre leurs mouvements.*
2. L'éd. S note que la première traduction de Diogène Laërce fut publiée à Paris vers 1510. Si elle ne l'a pas inspiré pour faire mention de la sentence attribuée à Épicure, il faut croire que Bruno a trouvé cette sentence chez Lucrèce.
3. Nicolas de Cues (1401-1464), théologien, savant et philosophe allemand, dont la pensée de l'infini influença grandement Bruno (*cf.* sa critique de la cosmologie aristotélicienne dans la *Docte Ignorance*.) Sur Nicolas de Cues, voir la présentation pp. 19-27.
4. Ordre et échelle d'Aristote.

éléments sont les uns autant que les autres des parties ou des membres de ce globe, à moins que nous ne disions que l'eau est en excès. Les astres sont donc fort justement nommés eau ou feu par les vrais philosophes de la nature, les prophètes divins et les poètes, lesquels, à cet égard, n'affabulent ni ne forgent de métaphores, mais laissent affabuler et babiller d'autres pédants. Ces mondes sont donc les corps hétérogènes, les animaux et les grands globes où la terre n'est pas plus lourde que les autres éléments. En eux, toutes les parties se meuvent et changent de lieu et de disposition, tout comme le sang et les autres humeurs, esprits et moindres parties fluent, refluent, influent et s'exhalent en nous et d'autres petits animaux. C'est à ce propos qu'est avancée la comparaison montrant d'abord que la terre n'est pas plus lourde en vertu de l'impulsion de sa masse vers son centre que n'importe quel autre corps simple de semblable composition ; *ensuite* que la terre n'est pas lourde en elle-même, qu'elle ne descend ni ne monte ; *enfin*, que l'eau engendre l'union, la densité, l'épaisseur et la gravité.

NEUVIÈMEMENT, le fameux ordre des éléments ayant été considéré comme vain, on en déduit la nature de ces corps sensibles composés qui, comme tant d'animaux et de mondes, se situent dans le champ de l'espace qu'est l'air, le ciel ou le vide. Tous ces mondes s'y trouvent, et ils ne contiennent pas moins d'animaux et d'habitants que notre terre, car la vertu et la nature de ces mondes ne diffèrent pas de celles de notre terre.

DIXIÈMEMENT, après avoir vu comment les obstinés et les ignorants perversement disposés disputent à l'ordinaire, on montre par la suite comment ces disputes se concluent le plus souvent. Pourtant, d'autres sont si circonspects que, sans perdre leur contenance, mais d'un air moqueur, un petit rire aux lèvres, ils font semblant de prouver discrètement et malicieusement ce qu'ils n'ont pas réussi à démontrer par le biais d'arguments — ni qui puisse être en fait entendu par eux-mêmes —, et ce par ces artifices de dédain courtois, s'efforçant non seulement de cacher leur ignorance manifeste mais de la rejeter sur les épaules de leur adversaire. Car ils ne disputent pas afin de trouver ou même de chercher la vérité, mais pour la victoire et pour paraître défenseurs plus doctes et plus acharnés du contraire. Qui n'est point cuirassé de patience devra fuir de tels individus.

Argument du quatrième dialogue

PREMIÈREMENT est repris ici ce qui a déjà été dit ailleurs au sujet des mondes infinis, de leur mouvement et de leur composition.

DEUXIÈMEMENT ont été réfutés dans le deuxième dialogue des arguments contre la masse ou la grandeur infinie de l'univers, après que l'effet immense de la vigueur immense et de la puissance eut été démontré dans le premier dialogue. De même, la multitude infinie des mondes ayant été démontrée dans le troisième dialogue, nous réfutons maintenant les nombreux arguments d'Aristote qui s'y opposent, bien que ce mot *monde* ait une autre signification chez Aristote, et plus encore chez Démocrite, Épicure et d'autres.

En se fondant sur les mouvements naturel et violent[1], arguments qu'il a forgés de toutes pièces, Aristote soutient qu'une terre devrait se mouvoir vers l'autre. Pour réfuter ces doctrines, on établira, *premièrement*, des principes qui ne manqueront pas d'importance pour élucider les véritables fondements de la philosophie naturelle ; *deuxièmement*, on montrera que quelque contiguë que soit la surface d'une terre par rapport à une autre, il ne s'ensuivra pas que les parties de l'une — entendons des parties hétérogènes ou dissemblables et non des atomes ou des corps simples — se meuvent vers l'autre terre. Il faut donc considérer plus attentivement la nature du lourd et du léger.

TROISIÈMEMENT, pour quelle raison une telle distance sépare-t-elle ces grands corps, pourquoi ne sont-ils pas situés à côté des autres de sorte que de l'un on puisse passer à l'autre ? A y regarder de très près, on comprend donc pourquoi il ne peut y avoir de monde dans la circonférence de l'éther, ni si proche du vide qu'il n'ait ni puissance, ni vertu, ni force : en effet, il serait alors impossible de trouver vie et lumière d'un côté.

QUATRIÈMEMENT, nous considérons dans quelle mesure la distance locale peut ou non changer la nature d'un corps. Et pourquoi il se fait que si une pierre est équidistante de deux terres, elle restera en place ou se déplacera plutôt vers l'une que vers l'autre.

CINQUIÈMEMENT, nous considérons combien Aristote s'est trompé lorsqu'il a soutenu qu'entre les corps, quelle que soit la distance qui les sépare, il existe une force de gravité ou de légèreté les

---

1. Il faut comprendre ici *mouvement par contrainte*.

attirant les uns vers les autres[1], d'où procède la tendance universelle à résister au changement (même ignoblement), laquelle tendance est cause de la fuite et des persécutions.

SIXIÈMEMENT, il est montré que le mouvement rectiligne n'appartient ni à la nature de notre terre ni à celle d'autres corps principaux, mais plutôt aux parties des corps qui, s'ils ne sont pas trop éloignés, se déplacent les uns vers les autres à partir des positions les plus diverses.

SEPTIÈMEMENT, on démontre d'après le comportement des comètes qu'il n'est pas vrai qu'un corps lourd, quoique éloigné, soit attiré ou mû vers le corps qui le contient. Cette hypothèse, en effet, n'est pas fondée sur de véritables principes physiques, mais sur les suppositions purement philosophiques d'Aristote, qui s'appuie sur les parties qui sont des vapeurs et des exhalaisons de notre terre[2].

HUITIÈMEMENT, à propos d'un autre argument, il est prouvé que les corps simples de même nature dans d'autres mondes innombrables sont doués d'un même mouvement, et que seule la diversité arithmétique est cause d'une différence de lieu, chaque partie ayant son propre centre et se référant également au centre commun qui ne saurait être cherché dans l'univers.

NEUVIÈMEMENT, il est démontré que les corps ainsi que leurs parties n'ont de positions déterminées ni supérieures ni inférieures, excepté dans la mesure où le lieu de leur conservation se trouve ici ou là.

DIXIÈMEMENT, il est montré que le mouvement est infini, qu'un corps mobile tend vers l'infini et à la formation d'innombrables compositions, et qu'il ne s'ensuit donc ni lourdeur, ni légèreté, ni vitesse infinie; et que le mouvement des parties proches, dans la mesure où elles conservent leur nature, ne saurait être infini. De plus, l'impulsion des parties vers leur contenant ne peut avoir lieu qu'au sein de sa région.

Argument du cinquième dialogue

Au commencement du cinquième dialogue, on présente un docte à l'esprit plus heureux qui, bien que nourri de la doctrine contraire, sait juger de ce qu'il a entendu et vu et faire ainsi la différence entre les deux disciplines, pour se reprendre et se corriger aisément. On

1. *Cf.* Aristote, *Physique*, IV, 4, 212 a 25; 212 b 30, etc.
2. *Ibid.* 208 b 1 *sq.*

présente aussi ceux qui prennent Aristote pour un miracle de la nature, ceux qui l'interprètent de travers et qui, avec bien peu de talent, s'expriment si *sublimement* à son sujet. Nous devons plaindre de pareils individus et fuir la discussion avec eux, car il n'y a rien à gagner à les fréquenter.

C'est ici qu'Albertino, le nouvel interlocuteur, développe douze arguments en lesquels consiste la thèse contraire à la pluralité ou à la multitude des mondes. Le PREMIER se déduit de ce qu'en dehors de notre monde nous ne saurions comprendre ni lieu, ni temps, ni vide, ni corps simple, ni composé. Le DEUXIÈME, de l'unité du moteur. Le TROISIÈME, des lieux des corps mobiles. Le QUATRIÈME, de la distance qui sépare le centre des horizons. Le CINQUIÈME, de la contiguïté des orbes mondains. Le SIXIÈME, des espaces triangulaires qui sont dus à leur contact. Le SEPTIÈME, de l'infini en acte (qui, en fait, n'existe pas), et d'un nombre déterminé de mondes, ce qui n'est pas plus raisonnable que l'assertion précédente. Ici, nous pouvons déduire de ce raisonnement non seulement aussi justement, mais encore avec plus d'avantages que le nombre des mondes n'est pas déterminé mais infini. Le HUITIÈME argument s'appuie sur la détermination des corps naturels, et sur la puissance passive des corps, laquelle puissance ne ressortit ni à l'efficace divine, ni à la puissance active. Mais il faut considérer ici qu'il est des plus inadéquats de suppposer que le Suprême et le Très-Haut puissent jouer de la cithare et que, faute d'instrument, il ne joue plus ; car, cela reviendrait à dire qu'un créateur ne pourrait plus créer du seul fait que ce qu'il est capable de créer ne saurait être créé par lui. Cela reviendrait également à poser une contradiction des plus manifestes, laquelle ne saurait être connue excepté de ceux qui ne connaissent rien. Le NEUVIÈME argument se fonde sur la bonté civile en quoi consiste la conversation. Le DIXIÈME pose qu'on doit déduire de la contiguïté d'un monde avec un autre que le mouvement de l'un empêche celui de l'autre. Le ONZIÈME soutient que si ce monde est achevé et parfait, on ne saurait lui ajouter un ou plusieurs autres mondes.

Tels sont les doutes et les motifs en la solution desquels consiste assez de doctrine pour découvrir les erreurs intimes et radicales de la philosophie commune et le bien-fondé de la nôtre. Voilà la raison pour laquelle nous ne devons pas craindre que quelque objet disparaisse, ou que quelque partie se dissolve dans l'espace ou soit démembrée jusqu'à l'annihilation. Voilà la raison du changement constant du tout qui fait qu'il n'existe aucun mal dont on ne puisse s'échapper, ni aucun bien qui ne soit accessible, étant donné qu'à travers l'espace infini et le changement perpétuel toute la substance demeure une et égale à elle-même. Si nous sommes attentifs, nous verrons qu'en fonction de cette considération aucun accident étrange ne saurait être retardé par la peine ou la peur, et qu'aucune bonne fortune ne saurait être avancée par le plaisir ou l'espoir. Voilà donc le vrai chemin qui mène à la vraie moralité. Nous serons magnanimes et mépriserons ce qu'estiment les esprits infantiles. Et nous deviendrons certainement plus grands que ceux que le vulgaire aveugle adore, car nous contemplerons vraiment l'histoire de la nature qui est écrite en nous-mêmes, et nous suivrons les divines lois qui sont gravées dans notre cœur. Nous saurons que voler d'ici au ciel et du ciel jusqu'ici ne font qu'une seule et même chose, ainsi que monter d'ici jusque là-bas et l'inverse, et descendre de là-bas jusqu'ici et son contraire. Nous ne sommes pas plus à leur circonférence qu'ils ne le sont pour nous. Ils ne sont pas plus un centre pour nous que nous ne le sommes pour eux. Nous marchons sur notre étoile et le ciel nous comprend, tout comme eux.

L'envie ne saurait donc nous atteindre. Nous voici libérés de la vaine anxiété et du ridicule souci de convoiter au loin ce grand bien qui est à notre portée. Nous voici plus délivrés de cette grande crainte de voir les autres tomber sur nous, qu'encouragés à espérer pouvoir tomber sur eux. En effet, l'air qui soutient notre globe est aussi infini que celui qui soutient le leur, et cette terre voyage dans l'espace et arrive à destination aussi librement que les autres. Lorsque nous aurons mesuré et compris cela, combien ne serons-nous pas portés à mesurer et à comprendre! Ainsi, grâce à cette science, nous obtiendrons certainement ce bien que recherchent en vain d'autres sciences.

En effet, telle est la philosophie qui aiguise nos sens, contente notre esprit, magnifie l'intellect et conduit l'homme à la véritable béatitude qu'il peut connaître en tant qu'homme. Cette béatitude consiste en un certain équilibre, car elle le délivre de la quête effrénée du plaisir et du sentiment aveugle de la peine; elle le fait jouir du présent, ne plus craindre le futur et ne plus y trouver d'espoir. En effet, cette Providence, ce Destin ou ce Sort qui détermine les vicissitudes de notre être particulier ne désire ni ne permet que nous sachions plus de l'un que nous ignorions de l'autre, si bien que nous connaissons d'emblée le doute et la perplexité. Mais lorsque nous considérerons plus profondément l'être et la substance de cet univers où nous nous trouvons immuablement, nous découvrirons que ni nous, ni quelque substance que ce soit ne souffrons de la mort; car rien n'est en fait diminué substantiellement, mais tout, parcourant l'espace infini, change d'aspect. Et comme nous sommes tous sujets à une cause efficiente excellente, nous ne devons croire, supposer et espérer rien d'autre, excepté que, tout provenant de ce qui est bon, tout est bon en puissance et en acte, tout tend vers le bon. Tout fait le bien, par le bien et pour le bien. Une opinion contraire ne saurait être en effet défendue que par celui qui envisage purement et simplement l'instant présent, comme la beauté d'un édifice ne saurait être mise en évidence par un seul petit détail, une pierre, du ciment ou une demi-paroi, mais se révèle à celui qui peut embrasser du regard l'ensemble et peut ainsi en apprécier les proportions. Nous ne craignons pas que, du fait de la violence de quelque esprit égaré ou du dédain de quelque fulminant Jupiter, ce qui est accumulé dans notre monde se disperse au-delà de cette tombe ou de la coupole des cieux, soit remué et répandu en poussière au-delà de ce manteau étoilé. Et ce n'est pas autrement que la nature des choses peut en venir à s'anéantir jusqu'à ce que sa substance préserve son apparence, de même que l'air comprimé dans une bulle nous semble avancer dans le vide. En effet, dans le monde tel que nous le connaissons, l'objet succède toujours à l'objet sans qu'il y ait une profondeur ultime d'où, comme de la main d'un forgeron, il ne naisse une chose qui ne soit inévitablement vouée au néant. Il n'est ni fin, ni borne, ni limite, ni mur qui ne nous lèse, ni ne nous prive de la multitude infinie des choses. Par conséquent, la terre et sa mer sont fécondes ; l'éclat du soleil est donc perpétuel, de sorte que la voracité des feux et l'amoindrissement des mers seront éternellement rassasiés en combustible et humeurs. Car il renaît toujours de l'infini une abondance renouvelée de matière.

Ainsi, Démocrite et Épicure[1], en soutenant que tout dans l'infini est sujet au renouveau et à la restauration, ont mieux compris ces questions que ceux qui veulent à tout prix que l'univers soit immuable, en s'appuyant sur un nombre constant et invariable de parties de même matière qui se transforment l'une en l'autre, perpétuellement.

Faites donc vos prévisions, Messieurs les Astrologues, avec vos serviles physiciens, grâce à ces astrolabes avec lesquels vous cherchez à distinguer ces neuvièmes sphères mobiles imaginaires ; vous y emprisonnez votre esprit et ressemblez ainsi pour moi à des perroquets dans une cage, tandis que je vous vois grimper et dégringoler, tourner et virevolter. Nous savons qu'un si grand empereur ne peut avoir un siège si étroit, un trône si misérable, un tribunal si dur, une

---

1. Bruno connaît ces deux philosophes très probablement à travers Lucrèce ; *cf.* n. 2, p. 47.

cour si peu nombreuse, un simulacre si petit et si imbécile qu'il n'en naisse un phantasme, qu'un rêve ne vole en éclats, qu'une désillusion ne réapparaisse, qu'une chimère ne s'évapore, qu'une calamité ne s'atténue, qu'un méfait ne s'abolisse, et qu'il n'en renaisse une pensée nouvelle, de sorte que d'un souffle tout déborde, et que d'une seule gorgée tout se vide. Nous savons au contraire qu'il s'agit d'une image noble, d'une conception merveilleuse, d'une figure suprême, d'un vestige sublime, d'une représentation infinie de l'infini représenté, d'un spectacle digne de l'excellence et de la suprématie de Celui qui transcende la compréhension ou l'appréhension. Ainsi l'excellence de Dieu est magnifiée et la grandeur de son royaume rendue manifeste. Ce n'est point dans un seul soleil que Dieu est glorifié, mais dans d'innombrables soleils ; pas dans une seule terre, un seul monde, mais dans un millier de milliers, je veux dire dans une infinité de mondes.

Ainsi, cette puissance de l'intellect qui cherche toujours, qui ajoute de l'espace à l'espace, de la masse à la masse, de l'unité à l'unité, du nombre au nombre, n'est pas vaine. Grâce à la science, elle défait les chaînes qui nous lient à ce royaume exigu et nous élève à la liberté d'un royaume véritablement vaste, qui nous délivre de cette étroitesse et de cette pauvreté imaginaire et nous offre les innombrables richesses d'un espace si grand, d'un champ des plus dignes, de tant de mondes des plus cultivés. Cette science ne permet pas que l'arc de l'horizon, que notre œil abusé imagine sur la terre et que notre imagination prétend situer dans l'espace éthéré, emprisonne notre esprit sous la surveillance d'un Pluton ou à la merci d'un Jupiter. Nous n'avons pas à nous soucier d'un propriétaire si riche, puis d'un mécène si misérable, si sordide et si avaricieux. Nous n'avons pas davantage besoin d'accepter d'être nourris par une nature si féconde et si totalement prégnante, puis si mesquine et si chiche de son fruit.

Bien différents sont les honorables et dignes fruits qu'on peut cueillir à ces arbres, les moissons précieuses et désirables qu'on peut récolter de ce grain semé. Nous ne les rappellerons pas à l'esprit pour ne pas exciter l'aveugle envie de nos adversaires, mais nous les offrons à la compréhension et au jugement de ceux qui sont en mesure de comprendre et de juger. Ceux-ci bâtiront aisément sur les fondations que nous leur avons données l'édifice entier de notre philosophie, dont nous réduirons les parties — si Celui qui nous gouverne et nous administre le désire, et si l'entreprise commencée n'est pas interrompue — à cette perfection si convoitée. Ainsi, ce qui a été fécondé dans *La cause, le principe et l'un*[1] et qui a vu le jour ici germera dans d'autres dialogues, s'y accroîtra, y mûrira, et d'autres ouvrages encore nous enrichiront d'une moisson plus précieuse et donneront amplement satisfaction. Alors (une fois séparé le grain de l'ivraie), nous remplirons du meilleur froment que puisse produire le terrain de notre culture les magasins des esprits studieux.

Entre-temps (bien que je sois sûr qu'il n'est pas nécessaire de vous le recommander), je ne manquerai pas cependant, ce qui est en partie mon devoir, de vous recommander vivement celui que vous entretenez parmi vos proches non comme un homme dont vous auriez besoin, mais comme quelqu'un qui a besoin de vous pour tant de raisons que vous comprenez. Car, en ayant autour de vous nombre de personnes qui vous servent, vous ne différez en rien de la plèbe, des banquiers et des marchands ; mais en aidant au progrès, à la protection et à la postérité d'un homme qui en est digne d'une certaine façon, vous êtes par là, comme vous l'avez toujours été et montré, à l'égal des princes magnanimes, des héros et des Dieux. C'est en effet ces derniers qui ont élu un homme tel que vous pour défendre leurs amis. Et je vous rappellerai, même si je sais que cela n'est pas nécessaire, que lorsque la fin viendra, vous serez estimé par le monde et récompensé par Dieu, non que vous ayez gagné l'amour et le respect des princes sur la terre, en dépit de leur puissance, mais parce que vous avez aimé, défendu et chéri un de ces hommes que j'ai décrits. Car il n'est rien que ceux qui sont plus fortunés que vous puissent vous apporter, vous qui l'emportez sur beaucoup d'entre eux par la vertu, qui puisse survivre à vos pièges et à vos tapisseries. Mais ce que vous accomplissez pour autrui peut aisément s'inscrire dans le livre de l'éternité — pour le visible d'ici-bas comme pour le possible des cieux. Car ce que vous recevez des autres est un témoignage de leur vertu, mais tout ce que vous faites pour autrui est un signe et une indication claire de la vôtre. Adieu.

Mon passereau solitaire, vers ces lieux où se dresse ta sublime pensée, pose l'infini, puis que les industries et les arts répondent à la qualité des objets.
Là-haut revis, élève tes jolis oisillons, puisque le destin

---

1. Giordano Bruno, *Cause, principe et unité*, (*De la causa, principio e uno*) trad, Émile Namer, Éditions d'Aujourd'hui, Les Introuvables, 1982.

cruel s'est acharné tout entier sur l'entreprise, dont il te détournait sans cesse.

Ne t'envole pas, c'est une plus noble demeure que je désire pour toi; et tu auras pour guide un dieu dont celui qui ne voit pas dit qu'il est aveugle.

Que le ciel te délivre, et que toutes les volontés de ce grand architecte te soient toujours clémentes: et jamais ne me reviens, si tu n'es mien.[1]

Échappé de cette prison étroite et noire, où tant d'années l'erreur m'a retenu, je laisse ici la chaîne qui me ceignait, et la main de mon envieuse et fière ennemie.

Elle ne saurait me présenter encore à la nuit sombre, car qui vainc le grand Python[2] et de son sang a teint les flots marins, détruit le feu de ma Mégère.

Je me tourne et m'élance vers toi, ô mon âme, ô ma voix: je te remercie, mon soleil, ma divine lumière; je te voue mon cœur, sublime main.

Tu m'as délivré de cette emprise atroce, tu m'as guidé vers un séjour meilleur, tu as guéri mon cœur contrit.

Qui d'autre que toi m'empanacherait, qui d'autre réchaufferait mon cœur? Qui me ferait ainsi mépriser la fortune ou la mort? Qui briserait ces chaînes et défoncerait ces portes, d'où rares sont ceux qui s'évadent?   Les âges, les années, les mois, les jours et les heures, armes et filles du temps, et cette cour que ni le fer, ni le diamant ne soumet m'ont protégé de la fureur ennemie.

C'est donc vers l'air que je déploie mes ailes confiantes. Ne craignant nul obstacle, ni de cristal, ni de verre, je fends les cieux, et m'érige à l'infini.

Et tandis que de ce globe je m'élève vers d'autres globes et pénètre au-delà par le champ éthéré, je laisse derrière moi ce que d'autres voient de loin.

---

1. Ce sonnet sera en partie repris dans les *Fureurs héroïques*. *Cf.* trad. Paul-Henri Michel, Les Belles Lettres, 1984, p. 208.

2. Quatre jours après sa naissance, Apollon s'est rendu au mont Parnasse pour y tuer le dragon Python qui avait pourchassé sa mère Léto avant que celle-ci ne trouvât refuge à Délos pour accoucher de son fils. *Cf.* Ovide, *Les métamorphoses*, I, 443.

PREMIER DIALOGUE

INTERLOCUTEURS

Elpino, Filoteo, Fracastorio, Burchio[1]

ELPINO — Comment est-il possible que l'univers soit infini?

FILOTEO — Comment est-il possible que l'univers soit fini?

ELPINO — Prétendriez-vous que l'on puisse démontrer cette infinitude?

FILOTEO — Et vous que l'on puisse démontrer cette finitude?

ELPINO — Mais quelle est cette dilatation?

FILOTEO — Et quelle est cette limitation?

FRACASTORIO — De grâce, allez au fait[2]! Vous nous avez fait trop longtemps languir.

BURCHIO — Présentez vite quelque argument, Filoteo, parce que je me divertirai à écouter ce genre de fable.

FRACASTORIO — Tout doux[3], Burchio! Que diras-tu si la vérité finissait par te convaincre[4]?

BURCHIO — Encore que cela puisse être vrai, je ne veux pas y croire, parce qu'il n'est pas possible que cet infini soit compris par ma tête, ni digéré par mon estomac. Quoique je souhaiterais qu'il en fût comme le dit Filoteo ; car si, par malheur, je devais choir hors de ce monde, je trouverais ailleurs quelque pays.

---

1. Sur le nom des personnages, voir la présentation pp. 33-34.
2. En latin dans le texte.
3. *Ibid.*
4. Sur le vouvoiement et le tutoiement chez Bruno, voir la présentation, p. 32.

ELPINO — Certes, ô Filoteo, si nous voulons nous en remettre au jugement des sens ou leur accorder la primauté qui leur revient, comme tout ce que nous savons en est à l'origine issu, nous trouverons peut-être qu'il n'est point facile d'en arriver à conclure ce que vous dites, plutôt que le contraire. Or, s'il vous plaît, commencez à m'éclairer !

FILOTEO — Aucun sens ne perçoit l'infini. Aucun sens ne permet de conclure qu'il existe. L'infini, en effet, ne peut être l'objet des sens. Celui qui demanderait à connaître cet infini par la voie des sens ressemblerait à celui qui voudrait voir de ses yeux la substance et l'essence ; et celui qui, de ce fait, nierait la chose, parce qu'elle n'est sensible, ni visible, en viendrait à nier sa propre substance et son être. Pourtant, il doit y avoir moyen de faire appel au témoignage des sens, auxquels nous n'avons recours que pour les choses sensibles, non sans quelque réserve, et à la condition qu'ils ne contredisent pas la raison. C'est à l'intelligence qu'il appartient de juger et de rendre compte des choses absentes, que le temps et l'espace éloignent de nous. Et en cela les sens nous suffisent à témoigner de ces choses, parce qu'ils ne sont pas capables de nous contredire et qu'en outre ils affichent et confessent leur imbécilité et leur insuffisance en bornant, semble-t-il, leur horizon ; et de par la finitude de leur perception on voit combien ils peuvent être changeants. Or, comme nous savons par expérience qu'ils nous trompent à la surface de ce globe où nous nous retrouvons, à plus forte raison devons-nous les tenir pour suspects lorsqu'ils nous font comprendre quelles sont les limites de la concavité sidérale.

ELPINO — A quoi donc les sens servent-ils ? Dites-le.

FILOTEO — Ils ne servent qu'à exciter la raison, ils signalent, indiquent et servent en partie de témoins ; ils ne rendent pas compte de la totalité, ni même ne jugent, ni ne condamnent. Parce qu'ils ne sont jamais, même parfaits, sans quelque perturbation. D'où il ressort que la vérité provient des sens en faible partie, comme d'un principe fragile, mais n'est pas dans les sens.

ELPINO — Alors où ?

FILOTEO — Dans l'objet sensible, comme dans un miroir ; dans la raison par le biais de l'argumentation et de ses développements ; dans l'intelligence par le biais des principes ou de leur conclusion ; dans l'esprit sous sa forme propre et vive[1].

---

1. Sur la doctrine de l'esprit chez Bruno, *Cf. Des fureurs héroïques*, trad. Paul-Henri

ELPINO — Allons, présentez donc vos arguments.

FILOTEO — Je vais le faire. Si le monde est fini, et s'il n'est rien au-delà du monde, je vous demande : où est le monde ? Où est l'univers ? Aristote répond : il est en lui-même[1]. La convexité du premier ciel est l'espace universel, et ce ciel, en tant qu'il est le premier contenant, n'a lui-même aucun autre contenant : parce que le lieu dans l'espace ne serait rien d'autre que l'extrémité superficielle du corps contenant, d'où ce qui n'aurait pas de corps contenant n'aurait pas de lieu[2]. Mais que veux-tu dire, Aristote, par là : que « l'espace est en lui-même » ? Que me diras-tu en conclusion de « cette chose en dehors du monde » ? Si tu dis qu'il n'est rien en cet endroit, alors le ciel et le monde ne seront nulle part.

FRACASTORIO — Le monde ne sera donc nulle part. Tout ne sera nulle part[3].

FILOTEO — Le monde serait quelque chose que l'on ne trouve pas. Si tu dis[4] (puisqu'il me semble que tu veuilles dire quelque chose, pour échapper au vide et au néant) qu'au-delà du monde il existe un être intelligent et divin, de sorte que Dieu représente le lieu dans l'espace de toutes choses, tu auras beaucoup de mal à nous faire entendre comment une chose incorporelle, intelligible et sans dimension puisse être le lieu d'une chose étendue. Si tu dis que Celui-ci comprend le tout à la façon dont l'âme comprend le corps, tu ne réponds pas à la question de l'au-delà, ni à celle sur ce qui se trouve à l'extérieur de l'univers. Et si tu cherches des excuses en prétendant que là où il n'est rien, là où il n'y a aucune chose, il n'est pas non plus de lieu, ni au-delà, ni à l'extérieur, tu ne me satisferas pas ainsi. Parce que ce sont là des mots et des prétextes qui ne font pas office de pensée ; parce qu'il est impossible que quelque sens ou quelque imagination, même si l'on devait retrouver de nouveaux sens et de nouvelles imaginations, puisse me faire sciemment affirmer qu'il se trouve telle surface, telle limite, telle extrémité, au-delà de laquelle il n'y ait ni corps, ni vide, malgré l'existence de Dieu. En effet, la divinité n'a pas à remplir le vide, et par conséquent il ne lui appartient en aucune manière de terminer le corps ; car tout ce qui est dit

Michel, Les Belles Lettres, 1984, p. 190, 284, 396. Voir également G.S. Felici, *Le dottrine filosofico-religiose di T. Campanella*, Lanciano, 1895, p. 77.
    1. *Cf.* Aristote, *Physique*, IV, 3, 210 a 29 ; 5, 212 b 13, etc.
    2. *Ibid.* 4, 211 4 ; 212 a 5-6.
    3. En latin dans le texte.
    4. Filoteo s'adresse toujours à Aristote.

terminer est soit une forme extérieure, soit un corps contenant. Et de toutes les manières dont on puisse l'exprimer, cela serait préjudiciable à la dignité de la nature divine et universelle.

BURCHIO — Je crois évidemment qu'il faudrait dire aux partisans de cette idée que, si quelqu'un avançait la main au-delà de cette convexité, cette main ne serait en aucun lieu dans l'espace, et ne serait nulle part ; par conséquent, elle n'aurait plus d'existence[1].

FILOTEO — J'ajoute à ceci qu'aucune intelligence ne saurait concevoir cette affirmation péripatéticienne sans contradiction. Aristote a défini le lieu occupé par un corps non comme un corps contenant, non comme une certaine partie de l'espace, mais comme la surface d'un corps contenant. Ensuite, il affirme[2] que l'espace premier, principal et le plus grand est celui à qui une telle définition convient le moins assurément. Cet espace est la surface convexe du premier ciel, laquelle est une surface corporelle : d'un corps qui ne fait que contenir et n'est pas contenu. Or, faire de cette surface un lieu dans l'espace nécessite non qu'elle le soit d'un corps contenu, mais d'un corps contenant. Si c'est la surface d'un corps contenant, qui ne continue pas un corps contenu, c'est un espace non situé ; attendu qu'il n'appartient pas au premier ciel d'être un espace sinon du fait de sa surface concave, laquelle touche la convexité du second ciel. Voilà, donc, comment cette définition s'avère et vaine et confuse et autodestructrice ! Et l'on ne parvient à pareille confusion que pour avoir incongrûment voulu qu'il n'y ait rien au-delà du ciel.

ELPINO — Les Péripatéticiens diront que le premier ciel est un corps contenant pour la surface concave, et non pour la convexe, et en fonction de celle-là il s'agira bien d'un lieu dans l'espace.

FRACASTORIO — Et j'ajoute qu'il se trouvera donc une surface de corps contenant, laquelle ne sera point un lieu dans l'espace.

FILOTEO — En somme, pour en venir au fait, il me paraît ridicule de dire qu'au-delà du ciel il n'y a rien, que le ciel est en lui-même, qu'il est lieu et situé par accident, c'est-à-dire pour ses parties. Quoi que l'on comprenne par l'expression aristotélicienne : *par accident*, on ne peut échapper au fait qu'un ne saurait se changer en deux, car il y aura toujours une différence entre contenant et contenu[3], et cette différence est telle que, selon Aristote lui-même, le contenant est

1. *Cf.* les vers de Lucrèce cités dans l'Épître, p. 41.
2. *Cf.* Aristote, *Physique*, IV, 5, 212 a-212 b.
3. *Ibid.* 5, 12 b 13-14.

incorporel alors que le contenu est corporel ; le contenant est immobile alors que le contenu est mobile ; le contenant est une conception mathématique alors que le contenu a une existence physique[1].

Or, quoi qu'il en soit de cette surface, je ne cesserai de m'interroger : qu'y a-t-il au-delà d'elle ? Si l'on répond qu'il n'y a rien, moi je dirais alors qu'il faudra parler de vide. Et ce vide sera tel qu'il n'aura ni mode ni terme extérieur, bien qu'il en ait un intérieur. Et cela est plus difficile à imaginer que de penser l'univers comme infini et immense. En effet, si l'on veut poser l'univers comme fini, on ne pourra pas échapper au vide. Voyons maintenant s'il convient qu'il y ait un tel espace où rien ne soit. Dans cet espace infini, il y a notre univers (par hasard, par nécessité ou du fait de la Providence, pour l'heure je ne m'en soucie guère). Je vous demande seulement si cet espace qui contient le monde a plus d'aptitude à contenir un monde qu'un autre espace qui serait au-delà ?

FRACASTORIO — Certes, il me semble que non. Parce que là où il n'y a rien, on ne saurait faire de différence et là où l'on ne saurait faire de différence, on ne saurait distinguer entre telle ou telle aptitude, et peut-être encore moins trouver d'aptitude là où il n'y a rien.

ELPINO — Ni même d'inaptitude. Et cela plus certainement que la proposition précédente.

FILOTEO — Voilà qui est parler. J'affirme donc que, comme le vide, posé nécessairement par la formulation péripatéticienne, n'a aucune aptitude à recevoir le monde, c'est-à-dire aucun pouvoir à attirer le monde, ainsi il doit en avoir beaucoup moins pour le repousser. Mais l'une de ces facultés est en acte, nous le voyons, et l'autre, nous ne pouvons la voir, sinon avec l'œil de la raison. Donc, comme ce monde (appelé *matière* par les Platoniciens) se trouve dans cet espace qui équivaut à la grandeur de notre monde, ainsi un autre monde peut se trouver dans cet autre espace et d'autres mondes, dans d'innombrables espaces au-delà de celui-ci et égaux à celui-ci.

FRACASTORIO — Certes, nous pouvons plus sûrement en juger par analogie d'après ce que nous voyons et connaissons qu'à l'inverse, en nous fondant sur ce que nous ne voyons pas et sur ce que nous ne connaissons pas. Pour ce que nous en voyons et expérimentons, l'univers n'a ni fin, ni ne se termine dans le vide et le néant, à propos desquels nous ne disposons en effet d'aucune information, et c'est pourquoi nous devons en conclure comme vous l'avez fait, car,

1. *Ibid.* 4, 212 a 10-23.

quand bien même toutes les autres raisons seraient de même valeur, nous voyons que notre expérience s'oppose au vide, mais non au plein. Par conséquent, nous trouverons toujours une justification en acceptant le plein ; mais si l'on devait rejeter cette idée, on fuirait malaisément maints inconvénients et accusations. Continuez, Filoteo.

FILOTEO — Donc, nous savons avec certitude que l'espace infini est apte à recevoir les corps, et nous ne connaissons rien autrement. Toutefois, il me suffira de savoir que cet espace ne répugne pas à cette réception, ne serait-ce que parce que là où il n'est rien, il n'est nul outrage. Il reste maintenant à voir s'il convient que tout l'espace soit ou non plein. Et là, si nous le considérons pour ce qu'il peut être comme pour ce qu'il peut faire, nous trouverons toujours qu'il est non seulement raisonnable mais nécessaire qu'il soit plein. Pour que cela soit manifeste, je vous demande s'il est bien que ce monde-ci[1] existe.

ELPINO — Fort bien.

FILOTEO — Donc il est juste que cet espace, qui est égal à la dimension du monde (je le nommerai vide, indistinct de l'espace et semblable à cet espace que tu dirais n'être rien au-delà de la convexité du premier ciel), soit semblablement rempli.

ELPINO — Certainement.

FILOTEO — Je vous poserai encore une question. Étant donné que dans notre espace il y a cette construction appelée monde, croyez-vous que celle-ci aurait pu exister ou pourrait exister dans un autre espace à l'intérieur de ce grand vide ?

ELPINO — Je dirai que oui, bien que je ne voie pas comment dans le néant et dans le vide nous pourrions faire de différence entre une chose et l'autre.

FRACASTORIO — Moi, je suis certain que tu le vois bien, mais que tu n'oses pas l'affirmer parce que tu comprends où il veut te mener.

ELPINO — Vous pouvez l'affirmer sans hésiter. Parce qu'il nous appartient de dire et de comprendre que notre monde est dans un espace, lequel, si le monde n'y était pas, ne serait pas distinct de celui qui se trouve au-delà de votre premier mobile.

1. Il faut entendre ici *cet univers*.

FRACASTORIO — Continuez.

FILOTEO — Donc, comme cet espace peut et a pu contenir ce corps universel et est nécessairement parfait comme tu le dis, ainsi tout le reste de l'espace, de la même façon, peut et a pu être tout aussi parfait.

ELPINO — Je vous l'accorde. Mais qu'en déduire ? Une chose peut être ou peut avoir : faut-il donc en déduire que cet autre espace est et qu'il a ?

FILOTEO — Mon explication fera en sorte que, si vous voulez bien l'avouer ingénument, vous conclurez alors qu'il peut et doit être, et qu'il est. Car, comme ce serait un mal que notre espace ne fût pas plein, c'est-à-dire que notre monde n'existât pas, ce ne serait pas moins un mal, puisque les espaces sont indistincts, que tout l'espace ne soit pas plein. Par conséquent, nous voyons que l'univers est de dimension infinie et que les mondes y sont innombrables.

ELPINO — Quelle est la cause de cette multitude de mondes ? Un seul ne suffirait-il pas ?

FILOTEO — Si c'est un mal que ce monde ne soit pas ou que le plein ne s'y trouve pas, en est-ce un à l'égard de notre espace ou de tout autre espace égal à celui-là ?

ELPINO — Moi, je dis que c'est un mal à l'égard de ce qui se trouve dans cet espace et qu'on pourrait également retrouver dans un autre espace égal à celui-ci.

FILOTEO — Tout bien considéré, cela revient au même. Parce que la bonté de cet être corporel, qui est dans notre espace ou qui pourrait être dans un autre espace égal à celui-ci, donne raison et appartient à cette bonté et à cette perfection, qui pourraient se trouver dans tel ou tel espace comme celui-ci, ou dans un autre égal à celui-ci — et non à cette bonté-là qui peut être dans d'autres espaces innombrables, semblables à celui-ci. S'il est une raison pour qu'existe un monde bon et fini, un monde parfait et terminé, il est incomparablement plus raisonnable d'admettre l'existence d'un monde bon et infini. Parce que là où le fini est un bien par convenance et raison, l'infini l'est par absolue nécessité.

ELPINO — Le monde infini et bon existe, mais il est incorporel.

FILOTEO — Vous convenez donc avec moi de ce que l'infini est incorporel. Mais qu'est-ce qui empêche l'être de ne pas être cet infini incorporel? Pourquoi cet infini qui est impliqué dans le principe premier, absolument simple et individuel, ne serait-il pas plutôt expliqué par ce simulacre infini et sans terme, capable de mondes innombrables, que par ses bornes étroites — de sorte qu'il ne semble pas déshonorant de penser que ce corps, qui nous paraît vaste et très grand, ne serait au regard de la présence divine qu'un point, voire même un néant?

ELPINO — Comme la grandeur de Dieu ne consiste en aucune façon en la dimension corporelle (sans compter que notre monde ne lui ajoute rien), ainsi nous ne devons pas concevoir la grandeur de son simulacre comme une dimension plus grande ou plus petite.

FILOTEO — C'est fort bien dit. Mais vous ne répondez pas au cœur de la question. Je ne réclame pas l'existence de l'espace infini, et la nature n'a pas d'espace infini en raison de la dignité de la dimension ou de la masse corporelle, mais du fait de la dignité des natures et des espèces corporelles, parce que l'excellence infinie se présente incomparablement mieux chez des individus innombrables que chez ceux qui sont finis et dénombrables. Mais il faut qu'il y ait du visage divin et inaccessible un simulacre infini, dans lequel se trouvent alors, comme des membres infinis, des mondes innombrables, lesquels sont ces autres mondes. Mais, du fait des innombrables degrés de perfection qui doivent expliquer corporellement l'excellence divine incorporelle, il doit y avoir d'innombrables individus, qui sont ces grands animaux, parmi lesquels la terre, notre mère et déesse, dont elle a accouché, qu'elle nourrit et qu'ultérieurement elle ne corrigera pas. Il faut un espace infini pour contenir ces mondes innombrables. Le mieux est donc qu'ils soient comme ils peuvent être, mondes innombrables semblables au nôtre, et c'est un bien que celui-ci soit celui qu'il est.

ELPINO — Nous dirons que ce monde fini avec ses astres finis comprend la perfection de toute chose.

FILOTEO — Vous pouvez le dire, mais non le prouver. Parce que le monde qui se trouve dans notre espace fini comprend la perfection de toutes ces choses finies qui se trouvent dans notre espace; mais non celle des choses infinies qui peuvent être dans d'autres espaces innombrables.

FRACASTORIO — De grâce, arrêtons-nous là et ne faisons pas comme les Sophistes qui ne disputent que pour l'emporter et, tandis qu'ils s'acharnent à gagner quelque laurier, empêchent autrui et s'empêchent eux-mêmes de comprendre la vérité. Or moi, je crois que ce serait perfidie ou entêtement de vouloir s'attaquer — du fait de l'existence de l'espace dont la compréhension est infinie, et de celle de la bonté individuelle et multiple des mondes infinis qui sont objets de compréhension — à l'existence de chacun de ces mondes comme à celle de celui que nous connaissons. Parce que l'espace infini a une aptitude infinie, et c'est au travers de cette aptitude infinie qu'on loue l'acte infini d'existence : voilà pourquoi la première cause infinie n'est pas considérée comme déficiente et pourquoi cette aptitude n'est pas vaine. Contente-toi donc, Elpino, d'écouter d'autres arguments, s'il en vient encore à l'esprit de Filoteo.

ELPINO — Je vois bien à vrai dire qu'envisager le monde, ou l'univers comme vous dites, comme sans terme, ne comporte aucun inconvénient et nous libère d'innombrables soucis auxquels nous enchaîne la thèse inverse. Je sais en particulier que les Péripatéticiens ont parfois besoin d'affirmer des choses qui, pour notre propos, ne sont en rien fondées. Par exemple, après avoir nié l'existence du vide tant à l'extérieur qu'à l'intérieur de l'univers[1] lorsque nous cherchons à répondre à la question : « Où se trouve l'univers ? », nous devons déclarer qu'il est en ses parties, de crainte qu'il ne soit en aucun lieu. C'est comme si nous devions dire : *nullibi, nusquam*. Mais on ne peut pas passer sous silence le fait qu'il faut, par là même, avancer que les parties doivent se retrouver en quelque lieu alors que l'univers ne se trouve en aucun lieu, ni même dans l'espace. Ceci, comme chacun le reconnaîtra, ne saurait être aucunement fondé, et montre clairement qu'on veut fuir à tout prix la vérité, qui consiste à admettre que le monde et l'univers sont infinis ou à admettre que l'espace est infini. De telles interprétations ne vont pas sans entraîner quelque confusion dans l'esprit de ceux qui les développent. J'affirme donc que si le tout est un seul corps sphérique, et par conséquent s'il possède forme et limite, il faut alors qu'il soit terminé dans un espace infini. Et si nous voulons dire qu'il n'y a rien dans cet espace infini, nous devons alors admettre qu'il existe un espace vraiment vide et, si un tel vide existe, il n'est pas moins raisonnable de le concevoir comme d'un tout plus que comme d'une partie, que nous voyons ici capable de comprendre ce monde. Mais, si cet espace n'existe pas, tout l'espace doit être alors un plein, et par voie de conséquence cet univers doit être infini. Et il s'ensuit tout aussi logiquement que le monde doit se

---

1. *Cf.* Aristote, *Physique*, IV, 6-9.

trouver quelque part, puisque nous avons dit qu'en dehors de lui il n'est rien, et qu'il est en ses parties comme on pourrait dire qu'Elpino se trouve quelque part, parce que sa main appartient à son bras, ses yeux à son visage, ses pieds à ses jambes et sa tête à son corps. Mais pour en venir à la conclusion et pour éviter de me faire passer pour sophiste en mettant le doigt sur d'apparentes difficultés et en perdant du temps en balivernes, j'affirme ce que je ne puis nier, à savoir que dans l'espace infini ou bien il peut y avoir des mondes infinis semblables au nôtre, ou bien cet univers peut avoir étendu sa capacité afin de contenir de nombreux corps tels que ceux que l'on nomme astres; ou encore que, semblables ou dissemblables que soient entre eux ces mondes, il ne saurait y avoir moins de raisons pour qu'un monde existât plutôt qu'un autre. Parce que l'existence d'un monde n'est pas moins raisonnable que celle d'un autre; et l'existence de nombreux mondes pas moins raisonnable que celle de celui-ci ou de celui-là; et l'existence d'une infinité de mondes pas moins raisonnable que celle de nombre de mondes. Donc, comme l'abolition et la non-existence de notre monde représenteraient un mal, ainsi la non-existence d'autres mondes innombrables ne serait pas un bien.

FRACASTORIO — Vous vous expliquez à merveille et vous montrez combien vous comprenez ces arguments sans faire preuve de sophisme, puisque vous acceptez ce qui ne se peut nier.

ELPINO — Pourtant, je voudrais entendre ce qui reste à dire sur le principe et la cause efficiente éternelle. Un effet infini convient-il donc à cette cause et, par là, un tel effet existe-t-il vraiment[1]?

FILOTEO — Voici ce que je dois ajouter. En effet, après avoir dit que l'univers doit être infini, du fait de la capacité et de l'aptitude de l'espace infini et de la possibilité autant que de la convenance de l'existence d'une infinité de mondes semblables à celui-ci, il me reste encore à le prouver, aussi bien par les circonstances de la cause efficiente qui a dû le produire ainsi ou, pour mieux dire, doit toujours le produire tel quel, que par les conditions de notre mode de compréhension. Nous pouvons plus aisément soutenir que l'espace infini est semblable à celui que nous voyons, qu'affirmer qu'il est tel que nous ne le voyons pas, ni par l'exemple, ni par la similitude, ni par la proportion, ni par aucune imagination qui finalement ne s'autodétruise. Or pour commencer: pourquoi voudrions-nous ou devrions-

---

1. La question de la cause efficiente et des effets qui en dérivent est souvent traitée dans l'œuvre de Bruno. *Cf. De la causa, principio e uno*, Dial. II, où la cause efficiente est clairement identifiée à Dieu.

nous penser que l'efficacité divine soit oisive? Pourquoi irions-nous dire que la bonté divine, qui peut se communiquer à des choses infinies et peut se diffuser infiniment, voudrait être appauvrie et se restreindre à rien? En effet, toute chose finie, au regard de l'infini, est néant. Pourquoi voulez-vous que le centre de la divinité qui peut, pour ainsi dire, s'amplifier infiniment en une sphère infinie, préfère rester stérile plutôt que se prolonger comme un père et se faire fécond, orné et beau?

Qu'il veuille plutôt se communiquer dans une mesure diminuée ou, pour mieux dire, ne pas se communiquer que le faire selon la raison de la puissance de son être glorieux? Pourquoi la capacité infinie doit-elle être frustrée, anéantie la possibilité de mondes infinis, et amoindrie l'excellence de l'image divine qui devrait plutôt resplendir davantage dans un miroir illimité et selon le mode de son être, infini et immense? Pourquoi devons-nous affirmer ces choses qui, une fois posées, entraînent avec elles tant d'inconvénients, et qui sans favoriser les lois, la religion, la foi ou la moralité, détruisent tant de principes de la philosophie? Comment voulez-vous que Dieu, quant à la puissance, à l'opération et à l'effet qui, en lui, sont une même chose, soit limité et soit la limite de la convexité d'une sphère plutôt que, pour ainsi dire, la limite illimitée d'une chose illimitée? Je dis: limite sans limite, parce que Dieu est tout l'infini, de façon compliquée[1] et totale; mais l'univers est tout en tout (si tant est que l'on puisse parler de totalité là où il n'y a ni partie, ni limite) d'une manière expliquée et non totale, puisque l'un a la nature de limite, l'autre de limité. Non du fait de la différence entre le fini et l'infini, mais parce que l'un est infini alors que l'autre sert de limite. De telle sorte que, bien qu'il soit entièrement infini, l'infini n'est pas complètement infini, parce qu'il répugne à l'infinité dimensionnelle[2].

ELPINO — Je voudrais mieux comprendre cela. Mais vous voudrez bien avoir l'obligeance de vous expliquer sur ce que vous avez dit: sur ce tout qui est totalement en tout, ce tout dans tout l'infini, et totalement infini.

FILOTEO — Je dis que l'univers est tout infini, parce qu'il n'a ni limite, ni terme, ni surface. Je dis que l'univers n'est pas totalement infini, parce que chacune des parties que nous pouvons distinguer en lui est finie, comme chacune de celles des mondes innombrables qu'il

1. C'est-à-dire *non déployée*.
2. Sur la question de l'infini chez Bruno et le problème qui en découle pour la relation transcendance-immanence, voir la présentation pp. 21-23.

contient. Je dis que Dieu est tout infini, parce que de lui-même il exclut tout terme et que chacun de ses attributs est un et infini ; et je dis que Dieu est totalement infini, parce que tout en lui se trouve dans le monde en son entier et dans chacune de ses parties, infiniment et totalement — au contraire de l'infinité de l'univers, laquelle est totalement dans le tout, et non dans ces parties (si tant est qu'en matière d'infini on puisse parler de parties) que nous pouvons comprendre en lui[1].

ELPINO — J'entends bien. Continuez donc votre propos.

FILOTEO — Pour toutes les raisons donc pour lesquelles ce monde compris comme fini est dit être convenable, bon et nécessaire, on doit dire que sont convenables et bons tous les autres mondes innombrables dont l'être, pour la même raison, n'est pas envié par l'omnipotence, et sans lesquels celle-ci, faute de le vouloir ou de le pouvoir, apparaîtrait manquer de justice, en laissant un vide (ou, si vous ne voulez pas dire : vide, un espace infini). Il en résulterait non seulement une diminution de la perfection infinie de l'être, mais aussi de la majesté infinie relevant de la cause efficiente des choses faites, si elles sont faites, ou dépendantes, si elles sont éternelles. Pour quelle raison voudriez-vous que nous voulions croire que l'agent qui peut faire un bien infini le fasse fini ? Et s'il le fait fini, pourquoi devrions-nous croire qu'il puisse le faire infini, puisqu'en lui pouvoir et faire ne font qu'un ? Comme il est immuable, il ne connaît de contingences ni dans son action, ni dans son efficace, or de l'efficace certaine et déterminée dépend immuablement un effet certain et déterminé. Aussi ne peut-il être autre qu'il n'est, ni pareil à ce qu'il n'est pas. Il ne peut pouvoir autre chose que ce qu'il peut, ni vouloir autre chose que ce qu'il veut. Et, nécessairement, il ne saurait faire autre chose que ce qu'il fait, attendu que distinguer en soi puissance et acte ne convient qu'aux choses changeantes.

FRACASTORIO — Certes, ce qui n'a jamais été n'est pas, ni ne sera jamais et, en vérité, si la cause efficiente ne peut vouloir autre chose que ce qu'elle veut, elle ne peut faire rien d'autre que ce qu'elle fait. Et je ne vois pas ce que certains entendent par puissance active infinie à laquelle ne correspond pas de puissance passive infinie, et lorsqu'ils disent que cette cause efficiente fera un monde un et fini, alors qu'il pourrait en faire d'innombrables dans l'univers infini et immense, son action étant nécessaire. Elle procède, en effet, d'une

---

1. *Cf.* Nicolas de Cues, *La docte ignorance*, II, 3 & 4.

telle volonté qu'étant des plus immuables, voire étant l'immuabilité même, il s'agit encore de la nécessité, où liberté, volonté, nécessité ne font qu'un, et au-delà action, volonté, puissance et être.

FILOTEO — Vous en convenez et l'exprimez fort bien. Or donc, il faut choisir : ou bien la cause efficiente, l'effet infini pouvant dépendre d'elle, est reconnue comme cause et principe d'un immense univers contenant des mondes innombrables — et il ne s'ensuit aucun inconvénient, voire au contraire tout ce qui convient à la science, aux lois et à la foi ; ou bien cette cause, un univers fini dépendant d'elle, avec ces mondes ou ces astres en nombre déterminé, est envisagée sous l'angle de la puissance finie, active et déterminée, puisque la volonté et la puissance seront à la mesure de l'acte.

FRACASTORIO — J'ajoute et présente deux syllogismes de la façon suivante. Si la cause efficiente voulait faire autre chose que ce qu'elle veut faire, elle pourrait faire autre chose que ce qu'elle fait ; mais elle ne peut pas vouloir faire autre chose que ce qu'elle veut faire ; donc, elle ne peut pas faire autre chose que ce qu'elle fait. Donc, qui pose l'effet fini pose l'opération et la puissance finie. Plus loin, et ce qui revient au même : la cause efficiente ne peut faire que ce qu'elle veut faire ; elle ne veut faire que ce qu'elle fait ; donc, elle ne peut faire que ce qu'elle fait. Donc, qui nie l'effet infini nie la puissance infinie.

FILOTEO — Voilà des syllogismes qui, faute d'être simples, ont valeur de démonstration. Toutefois, je loue ces respectables théologiens qui ne les admettent pas, parce qu'ils savent du fait de leur naturelle prévoyance que les peuples frustes et ignorants ne sont quelquefois pas capables de concevoir comment, à cette condition, peuvent survivre le libre arbitre, la dignité et les mérites que confère la justice. Il en résulte donc que ces peuples, confiants ou désespérés pour quelque motif, deviennent nécessairement des plus scélérats. Comme, parfois, ces corrupteurs de lois, de foi et de religion, désireux de paraître sages, ont infecté tant de peuples, les rendant plus barbares et plus scélérats qu'ils ne l'étaient avant, au mépris des bonnes actions et forts de leur vice et de leur scélératesse éprouvés par les conclusions qu'ils tirent de semblables prémisses[1]. Mais, affirmer le contraire au sujet des savants n'est pas tant scandaleux, ni n'ôte tant à la grandeur et à l'excellence divine, qu'avouer ce qui nuit vraiment à la préservation civile et aux fins des lois, non au nom de la

---

1. Allusion de Bruno aux Réformés. Il citera de mémoire ce passage à l'occasion de son premier procès vénit:en. Cf. Spampanato, *Vita di G. Bruno*, Principato, Messine, 1921, p. 722.

vérité, mais faute d'avoir été bien compris tant par ceux qui traitent cette vérité malignement, que par ceux qui ne sont pas capables de la comprendre, sans revenir entièrement sur leurs habitudes.

FRACASTORIO — C'est vrai. Il ne s'est jamais trouvé philosophe, homme de bien et de savoir, qui ait voulu remettre en cause le libre arbitre, sous le prétexte d'une telle proposition. Ainsi, Platon et Aristote, posant la nécessité et l'immutabilité en Dieu, n'en ont pas moins posé la liberté morale et notre libre arbitre. Ils savaient bien en effet et pouvaient comprendre comment cette nécessité et cette liberté sont compatibles. Cependant, certains des véritables pères et pasteurs des peuples ne font peut-être pas mention de cet argument, pour éviter que les ennemis du bien commun ne tirent certaines conclusions, abusant ainsi de la simplicité et de l'ignorance de ceux qui ont du mal à entendre la vérité et sont rapidement enclins au mal. Et c'est aisément qu'ils nous ordonneront de ne pas utiliser de telles propositions, desquelles nous ne voulons déduire rien d'autre que la vérité de la nature et de l'excellence de son auteur; ces propositions-ci ne sont pas destinées au vulgaire mais aux savants seuls, qui peuvent accéder à la compréhension de nos discours. Il ressort de ce principe que les théologiens, non moins savants que religieux, n'ont jamais nui à la liberté des philosophes, et que les véritables philosophes, intégrés à la société civile, ont toujours favorisé les religions. En effet, les uns comme les autres savent que la foi est nécessaire à l'institution des peuples frustes qui doivent être gouvernés par les contemplatifs, qui savent gouverner autrui comme eux-mêmes.

ELPINO — Voilà qui est assez protester. Retournez maintenant à notre propos.

FILOTEO — Pour en revenir donc à ce que nous voulons, j'affirme que s'il y a puissance infinie dans la cause efficiente, il s'y trouve encore l'opération, de laquelle dépendront l'univers infini et ses mondes innombrables.

ELPINO — Ce que vous dites contient beaucoup de persuasion, sinon la vérité. Mais, ce qui me paraît très vraisemblable, je le tiendrai pour vrai, si vous pouvez résoudre pour moi un point qui a réduit Aristote à nier la puissance divine infinie conçue intensivement, quoiqu'il reconnût l'existence de celle-ci conçue extensivement. Il niait l'existence de la première attendu que, puissance et acte étant une même chose en Dieu, le mouvement, pouvant être infini, existerait infiniment en raison d'une vigueur infinie. Ainsi le ciel, si telle était la vérité, se mouvrait instantanément, parce que si un moteur puissant peut occasionner un mouvement plus rapide, un moteur encore plus puissant en occasionnera un autre encore plus rapide, et le moteur infiniment le plus puissant occasionnera le mouvement instantanément. Aristote admettait la puissance divine infinie conçue extensivement, parce que le moteur meut le premier mobile éternellement et régulièrement, en vertu de la raison et de la mesure avec lesquelles il entraîne ce mouvement[1]. Vous voyez donc pour quelle raison il admet une infinité extensive — mais non une infinité absolue, conçue de plus intensivement. Pour ce que j'en veux conclure, comme la puissance infinie du mouvement est liée à l'acte du mouvement suivant une vitesse finie, ainsi la même puissance de faire l'univers immense et les mondes innombrables est limitée par sa volonté à l'univers fini et aux mondes innombrables. Certains théologiens défendent à peu près la même thèse, lesquels, outre qu'ils admettent l'infinité extensive par laquelle successivement se perpétue le mouvement de l'univers, font également appel à l'infinité intensive, grâce à laquelle peuvent être faits et mus des mondes innombrables, chacun de ceux-ci ou tous ensemble se mouvant en un instant. Ainsi, de par sa volonté, la quantité de la multitude des mondes innombrables s'est accrue, comme la qualité du mouvement le plus intensif. Et, comme ce mouvement qui procède également de la puissance infinie est nonobstant connu comme fini, ainsi on pourra croire facilement déterminé le nombre des corps mondains.

FILOTEO — Cet argument est en effet plus persuasif et plus plausible que l'autre, dont on a assez traité, attendu qu'il pose que la volonté divine serait régulatrice, modificatrice et terme de la puissance divine. Partant, il s'ensuit d'innombrables inconvénients, du moins pour la philosophie. Je laisse en effet de côté les principes des théologiens, qui n'admettront pas que la divine puissance soit plus que la divine volonté ou bonté et, généralement, qu'un attribut à plus forte raison convienne plutôt qu'un autre à la nature de la divinité.

ELPINO — Mais pourquoi les théologiens s'expriment-ils de la sorte, s'ils entendent la chose autrement?

FILOTEO — Faute de termes et de solutions efficaces.

ELPINO — Or donc vous qui avec vos principes affirmez, d'un côté, que la puissance divine est infinie intensivement et extensivement, que l'acte n'est pas distinct de la puissance et que, de ce fait, l'univers

1. *Cf.* Aristote, *Métaphysique*, XII, 7, 1072 a 22-25.

est infini et les mondes innombrables; vous qui ne niez pas, de l'autre, que chacun de ces astres ou orbes, comme il vous plaira, se meut dans le temps, et non dans l'instant, montrez-nous alors de quelle façon et par quelles raisons vous soutenez votre conception et rejetez celle d'autrui, dont les conclusions lui sont diamétralement opposées.

FILOTEO — Pour résoudre cette difficulté, vous devez, première-ment, saisir que, l'univers étant infini et immobile, vous n'avez pas à en rechercher le moteur. Deuxièmement que, les mondes qu'il contient étant infinis, terres, feux et autres espèces de corps appelés astres se meuvent tous grâce à un principe interne, qui est leur propre âme, comme nous l'avons prouvé ailleurs[1]. Il est par conséquent vain d'aller chercher leur moteur externe. Troisièmement, que ces corps mondains, dont la terre fait partie, se meuvent dans la région éthérée sans être fixés ou cloués à quelque corps — pas plus que la terre elle-même n'est fixée, laquelle cependant, nous l'avons prouvé, tourne sur elle-même, et autour du soleil, de plusieurs manières. Après de tels avertissements, selon nos principes, nous ne sommes pas tenus de démontrer l'existence d'un mouvement actif ou passif, intensif et infini. En effet, le mobile comme le moteur est infini, et l'âme mouvante et le corps mû se retrouvent en un sujet fini — je veux dire en chacun des astres mondains. Ainsi, le premier principe n'est pas ce qui se meut mais, serein et immobile, il rend possible le mouvement des mondes infinis et innombrables. Et ces animaux, grands et petits, situés dans l'immensité de l'univers, contiennent chacun suivant la condition de sa propre vertu la raison de son mouvement, de ses changements et de ses accidents.

ELPINO — Voilà qui est bien raisonner. Mais vous n'atteignez en rien les opinions contraires, qui supposent toutes que l'excellence supé-rieure meut le tout. Vous dites qu'elle donne au tout le mouvement, mais que le mouvement n'est possible qu'en vertu du moteur le plus proche. Certes, cette façon d'envisager les choses me paraît plus raisonnable que la perspective du commun. Toutefois, pour ce que vous affirmez de l'âme du monde et de l'essence divine, qui est toute dans le tout, emplit de tout et est plus intrinsèque à l'égard des choses que la propre essence de celles-ci, puisqu'il s'agit de l'essence de toutes les essences, de la vie de toutes les vies, il ne me semble pas plus possible pourtant que nous puissions dire qu'elle meut le tout

1. *Cf.* Bruno, *La cène des cendres*, Dial. III, 4ᵉ proposition de Nundinio.

qu'elle ne donne au tout le mouvement. Il s'ensuit donc que le doute déjà émis s'avère tout à fait fondé.

Filoteo — Sur ce point, je puis facilement vous satisfaire. Je dis donc qu'il faut distinguer dans les choses deux principes actifs de mouvement : l'un fini, selon la raison du sujet fini — ce principe se meut dans le temps ; l'autre infini, selon la raison de l'âme du monde ou bien de la divinité, qui est comme l'âme de l'âme, laquelle est toute dans le tout et fait que l'âme est toute dans le tout — ce deuxième principe se meut dans l'instant. La terre a donc deux mouvements. Ainsi, tous les corps en mouvement ont deux principes de mouvement, dont le principe infini est celui qui tout à la fois meut et est mû. Suivant cette raison donc, le corps mobile n'est pas moins très stable que très mobile, comme il apparaît dans cette figure[1] :

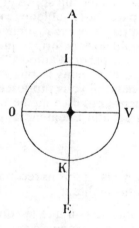

figure 1

qui représente la terre, mue instantanément en raison de son moteur d'infinie vertu. Celle-ci se meut avec le centre de A en E, et retournant de E en A, et ce en un instant, tout à la fois en A et en E, et en tous les lieux intermédiaires : mais aussi tout à la fois partie et revenue. De même pour le mouvement vers le centre, où est son orient I ; le midi V, l'occident K, le minuit O ; chacun de ces points se meut en vertu d'un mouvement infini ; et cependant aucun de ceux-ci

1. *Cf.* l'utilisation de la même figure dans *La cène des cendres* au dial. V.

tout à la fois n'est parti ni revenu ; par conséquent, il est toujours fixe et se trouve là où il se trouvait. En conclusion, que ces corps soient mus par une vertu infinie ou qu'ils ne soient pas mus revient au même, parce que se mouvoir instantanément et ne pas se mouvoir revient au même. Il reste donc l'autre principe actif du mouvement, lequel provient de la vertu intrinsèque, et par conséquent est dans le temps et dans une certaine succession ; et ce mouvement est distinct du repos. Voilà donc comment nous pouvons dire que Dieu meut le tout, et comment nous devons entendre qu'il donne mouvement au tout qui se meut.

ELPINO — Maintenant que vous avez résolu cette difficulté si sublimement et si efficacement, je me rends à votre jugement et j'espère dorénavant trouver toujours en vous de semblables solutions. Car, bien que je ne m'y sois pas beaucoup essayé auparavant, j'ai aujourd'hui beaucoup réfléchi et beaucoup appris et je souhaite en apprendre encore davantage ; parce que, quoique je ne voie pas pleinement de quoi est fait votre esprit, de par le rayonnement qu'il dispense, je me rends bien compte qu'il doit renfermer quelque soleil ou quelque lumière supérieure. Et, à partir d'aujourd'hui, non dans l'espoir d'excéder vos capacités, mais dans le but de me soumettre à vos éclaircissements, je reviendrai vous proposer, si vous daignez vous retrouver à la même heure et en ce même lieu pour le nombre de jours qu'il faudra pour écouter et entendre, de bien vouloir calmer réellement mon esprit.

FILOTEO — Je le ferai.

FRACASTORIO — Nous vous en serons reconnaissants et nous serons pour vous de très attentifs auditeurs.

BURCHIO — Et moi, pour le peu que je comprenne, si je ne comprends point vos sentiments, du moins écouterai-je vos paroles ; et si je n'écoute point vos paroles, du moins entendrai-je le son de vos voix. Adieu !

DEUXIÈME DIALOGUE

FILOTEO — Étant donné que le premier principe est très simple, s'il est fini suivant un attribut, il le sera suivant tous les autres ; ou encore, étant fini selon une raison intrinsèque, et infini selon une autre, il faudrait nécessairement concevoir qu'il soit en lui-même composé. S'il est donc opérateur de l'univers, c'est nécessairement un opérateur infini, et son effet est infini ; son effet, dis-je, dans la mesure où tout dépend de lui. Plus loin, comme notre imagination est capable de progresser à l'infini, imaginant toujours une dimension au-delà de la dimension et un nombre au-delà du nombre, selon une certaine successivité, et pour ainsi dire, en puissance ; ainsi, nous devons concevoir que Dieu conçoit en acte dimension infinie et nombre infini ; et en déduire, d'après ce qui peut s'ensuivre pour la convenance et l'opportunité, que nous posons que là où la puissance active est infinie, le sujet d'une telle puissance, par voie de conséquence, est infini. En effet, comme nous l'avons ailleurs démontré[1], la puissance de faire suppose la puissance d'être fait, ce qui pourrait être mesuré ce qui peut être mesuré, et ce qui mesure ce qui est mesuré. De plus, de même qu'on trouve des corps finis dimensionnés, de même l'intellect premier conçoit corps et dimension. S'il les conçoit, il ne les conçoit pas moins infinis. S'ils les conçoit infinis, et le corps est conçu comme infini, une telle espèce intelligible existe nécessairement ; et pour avoir été produite par un tel intellect, lequel est divin, elle est absolument réelle ; et si réelle qu'elle dispose d'un être plus nécessaire que celui qui est en acte devant nos yeux. Donc, tout bien considéré, il appert que, de même qu'il s'agit d'un individu

1. *Cf.* Bruno, *La cause, le principe et l'un*, Dial. III

infini très simple, de même il s'agira d'un infini dimensionné très
ample, lequel est en celui-là, et en lequel celui-là est, comme il est
dans le tout et comme le tout est en lui. Plus loin, si corporellement
nous voyons qu'un corps est capable d'augmenter à l'infini — comme
on le voit dans le feu, lequel, comme chacun l'admet, s'amplifierait à
l'infini, si on y jetait dessus huile et matière — pour quelle raison le
feu, qui peut être infini et par conséquent peut être rendu infini, ne
pourrait-il pas se trouver infini en acte? Certes, je ne sais pas comment nous pouvons imaginer qu'il y ait dans la matière quelque chose
de potentiellement actif qui ne soit potentiellement actif dans l'efficiente[1], et par conséquent en acte, ou plutôt l'acte lui-même. Certes,
dire que l'infini est en puissance et dans une certaine successivité et
non en acte, suppose nécessairement que la puissance active puisse le
poser en acte successif et non en acte achevé. En effet, l'infini ne peut
être achevé. Donc, il s'ensuivrait encore que la première cause n'a
pas de puissance active simple, absolue et une, mais une puissance
active, à laquelle correspond la possibilité infinie successive, et une
autre, à laquelle correspond la possibilité indistincte de l'acte.
J'ajoute que, le monde étant terminé et comme il n'existe pas de
manière d'imaginer comment une chose corporelle puisse être limitée à sa circonférence par une chose incorporelle, ce monde serait de
par sa puissance et sa faculté, apte à s'évanouir et à s'annuler. En
effet, pour ce que nous en savons, tous les corps sont dissolubles. De
plus, il n'y a pas de raison pour que l'infini néant, bien que l'on puisse
en comprendre la puissance active, absorbe quelquefois ce monde,
comme s'il n'était rien. Je précise que le lieu, l'espace et le néant sont
semblables à la matière, même s'ils ne sont pas cette matière elle-
même. Ainsi n'est-ce peut-être pas parfois sans raison que Platon[2] et
tous ceux qui définissent le lieu comme un certain espace en parlent
dans les mêmes termes. Or, si la matière a son appétit, lequel ne
saurait exister en vain, parce qu'un tel appétit ressortit à la nature et
procède de l'ordre de la nature première, il faut que le lieu, l'espace
et le néant aient le même appétit. Comme on y a fait allusion plus
haut, aucun de ceux qui posent le monde comme terminé, après avoir
affirmé l'existence de ce terme, ne sait en aucune manière imaginer
comment celui-là est. Leurs propositions et leurs paroles niant le
néant, aucun de ceux-là ne vient ensuite, pour ce qui de l'exécution et
de l'effet, à le poser nécessairement. Si ce néant existe, il est certainement capable de recevoir; et l'on ne peut en aucune façon nier cela.

1. Il s'agit ici de *cause efficiente*.
2. *Cf.* Platon, *Timée*, 52 A.

En effet, comme on estime, pour une même raison, impossible de trouver aussi un autre monde dans l'espace, où se trouve notre monde, ainsi on doit dire qu'il est possible qu'il puisse être contenu dans l'espace hors de ce monde ou dans ce rien, comme préfère l'appeler Aristote qui ne veut pas employer le mot vide[1]. Aristote affirme que deux corps ne sauraient coexister de par le caractère incommensurable de leurs dimensions[2] ; il reste donc, en ce qui concerne cet argument, que là où ne sont pas les dimensions de l'autre, si cette puissance existe, l'espace, d'une certaine façon, est donc matière. S'il est matière, il sait faire preuve d'aptitude. Et, s'il en fait preuve, pour quelle raison devrions-nous lui nier la possibilité d'être en acte?

ELPINO— Très bien. Mais, de grâce, poursuivez et faites-moi comprendre la différence que vous faites entre le monde et l'univers.

FILOTEO — Cette différence est bien connue, excepté par l'école péripatéticienne. Les Stoïciens distinguent le monde de l'univers, parce que le monde est tout ce qui est plein et composé d'un corps solide ; l'univers est non seulement le monde, mais plus loin le vide, le néant, et l'espace extérieur à ce monde. Ils affirment que le monde est fini mais que, pourtant, l'univers est infini. De même, Épicure, à propos de tout et de l'univers, parle d'un mélange de corps et de néant. Il dit que la nature du monde[3], lequel est infini, consiste en cela et en la capacité du néant et du vide et, plus loin, en la multitude des corps qui sont en lui[4]. Nous, nous ne concevons pas le vide comme ce qui ne serait simplement rien, mais comme tout ce qui n'est pas corporel ou qui résiste sensiblement, si ce tout a une dimension[5]. En effet, communément, seule la propriété de résistance donne à l'être son corps. Il s'ensuit donc que ces philosophes affirment que, comme ce qui n'est pas vulnérable n'est pas chair, ainsi ce qui ne résiste pas n'est pas corps. Dans cette mesure, nous disons qu'il existe un infini, c'est-à-dire une région immense éthérée, dans laquelle se trouvent des corps innombrables et infinis comme la terre, la lune et le soleil, lesquels sont nommés par nous mondes composés de plein et de vide. En effet, cet esprit, cet air et cet éther non seulement environnent ces corps, mais encore les pénètrent et s'insi-

1. *Cf.* Aristote, *Physique*, IV, 8, 214 b.
2. L'éd. S explicite : *les volumes de deux corps ne sauraient occuper simultanément la même position. Cf.* Aristote, *Physique*, 6, 213 b.
3. C'est-à-dire ici *de l'univers*.
4. *Cf.* Épicure, *Épître à Hérodote*.
5. L'éd. S précise : *c'est-à-dire un volume mesurable*.

nuent en chaque chose. Nous parlons encore de vide de par la réponse que nous avons faite à la question que vous nous avez posée sur le lieu de l'éther infini et des mondes[1]. Nous y avons répondu qu'ils se trouvaient en un certain espace infini, au sein duquel se trouve et se conçoit le tout, lequel ne saurait être conçu, ni exister autrement.

Or ici, Aristote, considérant le vide selon ces deux acceptions et une troisième, fruit de sa propre imagination et qu'il ne sait lui-même ni nommer, ni définir, tâche de se débarrasser du vide. Et il pense, usant de la même façon d'argumenter, détruire tous les points de vue sur le vide, qu'il n'affronte plus cependant, comme si, se débarrassant du nom de quelque chose, on pouvait faire disparaître cette chose. En effet, il détruit, pour ainsi dire, le vide suivant une raison qui, peut-être, n'a pas été invoquée avant lui. D'un côté, les Anciens, comme nous, considèrent le vide comme ce en quoi il peut y avoir un corps, ce qui peut contenir quelque chose et ce en quoi sont les atomes et les corps. Mais seul Aristote définit le vide comme ce qui n'est rien, ce en quoi il n'est rien et ce qui ne peut rien être. Là donc, usant du mot vide et concevant ce vide comme personne jamais avant lui, il en vient à bâtir des châteaux dans le ciel, à détruire ce vide qui lui est propre et non celui de tous les autres, qui avant lui ont parlé de vide et se sont servis de ce mot pour le nommer.

Ce n'est pas autrement que procède ce Sophiste pour tous ces autres principes: le mouvement, l'infini, la matière, la forme, la démonstration et l'être. Il édifie toujours sa philosophie en se fondant sur une terminologie et de nouvelles acceptions qui ne sont propres qu'à lui. Il s'ensuit donc que tous ceux qui ne sont pas dénués de jugement peuvent facilement comprendre combien cet homme peut être superficiel quand il considère la nature des choses et combien il est attaché à ses suppositions, qu'on ne saurait admettre et qui ne sont pas dignes d'être admises, encore plus vaines dans sa philosophie de la nature qu'elles ne peuvent l'être jamais dans sa philosophie mathématique.

Vous voyez qu'en cette vanité il trouve gloire et se complaît, et qu'à propos de la considération des choses de la nature, il ambitionne tant d'être considéré comme rationnel, c'est-à-dire dans notre langage: logique, qu'il qualifie ceux qui ont été plus soucieux que lui de la nature, de la réalité et de la vérité, de « physiciens ». Or, pour en

1. *Cf.* Aristote, *Physique*, IV, 2 *sqq.*, 209 à *sq.* & IV, 8, 214b *sq.*

venir à nous, attendu que dans son livre *Du vide*[1] il ne dit rien ni directement, ni indirectement qui puisse dignement militer contre notre conception, nous le laissons là où il se trouve, nous promettant d'en reparler peut-être pour une occasion plus divertissante. Donc, s'il vous plaît, Elpino, formez et ordonnez les raisonnements de nos adversaires contre l'existence du corps infini et développez ensuite les arguments qui les empêchent de comprendre qu'il y a des mondes innombrables.

ELPINO — Je vais le faire. Je citerai l'une après l'autre les opinions d'Aristote, et vous me direz alors ce que vous en pensez[2].

« Il faut considérer, dit-il[3], s'il existe un corps infini, comme le prétendent certains philosophes anciens, ou si cela est une chose impossible. Ensuite, il faut voir s'il existe un monde, voire plusieurs mondes. Résoudre de telles questions est de la plus haute importance : en effet, les deux parties de ce problème décident de deux philosophies différentes et opposées. Nous le voyons, par exemple, chez ceux qui ont commis la première erreur de poser les parties individuelles, se bouchant ainsi tant l'horizon qu'ils en sont venus à s'égarer dans la mathématique. Nous dénouerons donc ces difficultés passées, présentes et futures : car il suffit de peu d'erreur dans les principes pour en occasionner dix mille fois plus dans leurs développements. Ainsi, sur quelque chemin, l'erreur ne cessant de croître, on s'éloigne alors d'autant plus de son principe initial, de sorte qu'à la fin on parvient à une conclusion contraire à celle qu'on s'était proposée. Et cela tient à ce que les principes sont de grandeur minuscule et de conséquence gigantesque. Tel est le raisonnement à tenir pour lever ce doute. »

FILOTEO — Tout ce que vous dites est nécessaire, et non moins digne d'être dit par d'autres qu'Aristote. En effet, si, comme il le croit, d'un principe mal compris ses adversaires sont amenés à de grandes erreurs, nous, en revanche, nous croyons et voyons clairement que c'est précisément à partir de son principe qu'il a perverti toute considération sur la nature.

ELPINO — Aristote ajoute : « Il faut donc que nous voyions s'il peut exister un corps simple de grandeur infinie[4]. Ce qui, premièrement, doit être démontré impossible pour le premier corps, qui se meut

---

1. Livre IV de la *Physique*, où Aristote traite du vide.
2. Voir le livre III de la *Physique* d'Aristote (III, 4-8, 202 b 30-208 a 25).
3. *Cf*. Aristote, *Du ciel*, I, 5.
4. *Ibid*.

circulairement, puis pour les autres corps. En effet, tout corps étant simple ou composé, celui qui est composé suivra la disposition de celui qui est simple. Si donc les corps simples ne sont pas infinis, ni en nombre, ni en grandeur, il ne pourra nécessairement exister un tel corps composé. »

FILOTEO — Voilà qui est prometteur, car si Aristote prouve que le corps, lequel est appelé contenant et premier, est premier contenant et fini, il sera alors inutile de le prouver pour les corps contenus.

ELPINO — Maintenant, il prouve que le corps rond n'est pas infini[1]. « Si le corps rond est infini, les lignes qui partent de son milieu seront infinies, et la distance d'un demi-diamètre à l'autre (demi-diamètres qui acquièrent d'autant plus de distance qu'ils s'éloignent du centre) sera infinie. En effet, de l'addition des lignes suivant la longitude, il s'ensuit nécessairement une plus grande distance. Et pourtant, si les lignes sont infinies, la distance sera encore infinie. Or, il est impossible que le mobile puisse parcourir une distance infinie. Et, dans le mouvement circulaire , il faut qu'une ligne de demi-diamètre du mobile vienne à la place de l'autre demi-diamètre[2].

FILOTEO — Cette raison est bonne, mais elle ne va pas à l'encontre des thèses adverses. Parce qu'il ne s'est jamais trouvé quelqu'un à l'esprit assez fruste et grossier pour avoir posé le monde infini, infini en dimension, et pour lui avoir attribué en même temps le mouvement. Aristote montre lui-même qu'il a oublié ce à quoi il se réfère dans sa *Physique*[3] : à savoir que ceux qui ont posé un être et un principe infini l'ont posé semblablement immobile. Et ni lui, ni un autre à sa place ne pourra jamais nommer un philosophe, ni même un homme quelconque qui ait attribué le mouvement à une dimension infinie.

Mais notre Sophiste prend une partie de son argumentation de la conclusion de son adversaire, en supposant son propre principe, à savoir que l'univers est mobile, bien plus qu'il se meut et qu'il se présente comme sphérique. Or, voyez combien ce mendiant va produire de raisonnements, et s'il en est un seul qui s'oppose à ceux qui défendent l'existence d'un infini immobile, non figuré, très espacé, contenant des mobiles innombrables, qui sont les mondes, que certains nomment astres et d'autres sphères. Voyez un peu par ce

1. *Ibid.* 271 b 26-272 a 27.
2. *Ibid.* I, 5.
3. *Cf.* Aristote, *Physique*, VIII, 3, 6.

raisonnement et d'autres semblables, s'il présente des présupposés qui seraient admis par qui que ce soit.

ELPINO — Certes, les six arguments sont fondés sur ce présupposé, à savoir que l'adversaire dit que l'univers serait infini, et qu'il admettrait que cet infini soit mobile. Ceci est évidemment stupide, et même irrationnel, à moins que nous ne voulions faire converger l'infini mouvement et l'infini repos, comme vous l'avez fait hier à propos des mondes particuliers.

FILOTEO — Je ne veux pas dire cela à propos de l'univers, auquel on doit nécessairement attribuer le mouvement. En effet, cela ne peut, ni ne doit convenir, ni s'appliquer à l'infini, et jamais, comme on l'a dit, il ne s'est trouvé quelqu'un pour l'imaginer. Mais Aristote, comme quelqu'un qui manquerait de terrain, construit de tels châteaux dans les airs.

ELPINO — Certes, vous souhaiteriez un argument qui conteste ce que vous dites, car les cinq autres raisons qu'avance notre philosophe prennent toutes le même chemin et marchent toutes du même pas. Il me semble donc inutile de vous les soumettre. Cela dit, après avoir avancé celles qui concernent le mouvement mondain et circulaire, Aristote en vient à proposer celles qui sont fondées sur le mouvement rectiligne. Il dit pareillement[1] qu'« il est impossible que quelque chose soit mû d'un mouvement infini vers le milieu ou le bas, et au-delà vers le haut à partir du milieu ». Et il le prouve d'abord pour ce qui est des mouvements propres à de tels corps, puis pour les corps extrêmes comme ceux qui sont intermédiaires. « Le mouvement vers le haut, dit-il, et le mouvement vers le bas sont contraires ; et le lieu d'un de ces mouvements est contraire au lieu de l'autre. En ce qui concerne encore ces contraires, si l'un est déterminé, il faut que l'autre soit également déterminé, et il est nécessaire que l'intermédiaire, qui participe de ces deux déterminations, soit également tel. Parce que ce qui doit passer par delà le centre doit commencer non pas de n'importe quel endroit mais d'une certaine position, car les limites de centre doivent être à l'intérieur de deux limites, un commencement et une fin. Le milieu étant donc déterminé, il faut que les extrêmes le soient. Et si les extrêmes sont déterminés, il faut que le soit le milieu. Et si les lieux sont déterminés, il faut que les corps se trouvant en ces lieux le soient également. En effet, autrement, le mouvement serait infini.

---

1. *Cf.* Aristote, *Du ciel*, I, 6 (en partie traduit, en partie résumé).

De plus, pour ce qui est de la pesanteur et de la légèreté, le corps qui va vers le haut peut devenir tel que celui qui s'y trouve. En effet, aucune inclination naturelle ne saurait exister en vain. Donc, n'étant pas espace du monde infini, il n'est ni lieu, ni corps infini. Quant au poids cette fois, il n'est ni infiniment lourd, ni infiniment léger. Donc, ce n'est pas un corps infini, étant donné qu'il est nécessaire que la pesanteur d'un corps lourd soit infinie s'il est infini. On ne saurait échapper à cela. En effet, si tu voulais dire que le corps infini a une pesanteur infinie, il s'ensuivrait trois inconvénients.

Premièrement, la pesanteur ou la légèreté d'un corps fini et infini serait la même. En effet, au corps fini pesant, en ce qu'il est dépassé par le corps infini, j'ajouterai ou soustrairai tout ce qui pourra un tant soit peu s'ajouter de même quantité de pesanteur et de légèreté.

Deuxièmement, la pesanteur de la grandeur finie pourrait être supérieure à celle de la pesanteur infinie. En effet, en ajoutant tout ce que l'on voudra de corps pesant, en soustrayant celui-ci ou même en y ajoutant quelque corps léger, la première grandeur qui pourrait être égale à la seconde pourrait tout aussi bien lui être supérieure.

Troisièmement, la pesanteur de la grandeur finie serait égale à celle de la grandeur infinie. Proportionnellement, on pourrait trouver mêmes pesanteur et vitesse en un corps fini et infini.

Quatrièmement, la vitesse du corps fini pourrait être supérieure à celle du corps infini.

Cinquièmement, ces deux vitesses pourraient être égales. En effet, comme la pesanteur excède la pesanteur, ainsi la vitesse excède la vitesse. Ayant affaire à une pesanteur infinie, il sera nécessaire qu'elle se meuve dans quelque espace en moins de temps que la pesanteur finie, ou qu'elle ne se meuve point. La vitesse est en effet proportionnelle à la grandeur du corps. Il s'ensuit donc qu'en l'absence de rapport entre le fini et l'infini, il faudra finalement que l'infini pesant ne se meuve pas. En effet, s'il se meut, il ne se mouvra pas si vite qu'il ne trouve une pesanteur finie et qu'il ne fasse le même progrès dans le même temps et dans le même espace. »

FILOTEO — Il est impossible de trouver quelqu'un qui, usant du titre de philosophe, imagine des suppositions plus vaines et se fabrique des positions si sottes donnant lieu à tant de légèreté. Or, quant à ce qu'il dit sur le lieu des corps, le haut, le bas et ce qui se trouve en-dessous, je voudrais bien savoir contre quelle position Aristote argumente. Parce que tous ceux qui posent un corps et une grandeur infinie ne posent en celle-ci ni milieu, ni extrême. Parce que qui pose le néant, le vide et l'éther comme infinis, ne leur attribue ni pesan-

teur, ni légèreté, ni mouvement, ni région supérieure, inférieure ou
intermédiaire. Et, posant ensuite dans un espace semblable ces corps
infinis, comme notre terre ou une autre, comme notre soleil ou un
autre, tous ces corps tournent à l'intérieur de cet espace infini à
travers des espaces finis et déterminés, ou même sur leur propre
centre. Ainsi nous, qui sommes sur la terre, nous disons que la terre
se trouve au milieu, et tous les philosophes modernes et anciens,
quelle que soit leur secte, diront que celle-ci se trouve au milieu sans
porter préjudice à leurs principes — comme nous le disons à propos
de l'horizon supérieur de cette région éthérée qui l'environne et que
termine un cercle équidistant, dont nous sommes le centre. Ainsi,
ceux qui sont dans la lune s'entendent pour faire tourner le soleil
autour de la terre, de même que beaucoup d'autres étoiles qui sont
vers le milieu et le terme des demi-diamètres de l'horizon. Aussi la
terre n'est-elle plus le centre de quelque corps mondain que ce soit,
aussi n'a-t-elle pas plus certains pôles déterminés qu'il n'existe quelque pôle certain et déterminé dans l'espace et l'éther mondain. Et il
en va de même pour tous les autres corps, lesquels, pour diverses
raisons, sont à la fois centre, point de circonférence, pôle, zénith et
autres coordonnées. La terre n'est donc pas absolument au centre de
l'univers ; elle n'est centrale que pour l'espace qui nous environne.

C'est donc par pétition de principe qu'Aristote dispute, lorsqu'il
présuppose d'abord ce qu'il doit prouver. Il prend, dis-je, pour
principe le contre-pied de l'affirmation contraire, présupposant le
milieu et l'extrême contre ceux qui, affirmant l'infinitude du monde,
tout à la fois nient cet extrême et ce milieu nécessairement, et par
conséquent le mouvement vers le haut et le lieu suprême ainsi que le
mouvement vers le bas et le lieu infime.

Les Anciens, comme nous aujourd'hui, ont vu que quelque chose
venait vers la terre où nous nous trouvons et que quelque chose
semblait s'en éloigner. Où, si nous disons et voulons dire que le
mouvement de telles choses est vers le haut et vers le bas, cela
s'entend dans une certaine région et à certains égards. Ainsi, si
quelque chose s'éloigne de nous et va vers la lune, alors que nous
disons que celle-ci monte, ceux qui sont dans la lune, c'est-à-dire nos
anticéphales[1], diront qu'elle descend. Donc, ces mouvements qui
sont dans l'univers ne sont en rien différenciés par le haut, le bas, tel
ou tel endroit de l'univers infini, mais dépendent de mondes finis, qui
sont en lui, ou pris suivant l'amplitude d'innombrables horizons
mondains, ou selon le nombre des astres innombrables. Il s'ensuit

---

1. Bruno a construit ce néologisme par analogie avec *antipodes*.

donc que l'on pourra dire qu'une même chose va vers le haut et vers le bas, suivant un même mouvement, et ce par rapport à d'autres objets. Les corps déterminés n'ont donc pas de mouvement infini, mais un mouvement fini et déterminé vers leurs propres termes. Mais ni l'indéterminé, ni l'infini n'ont de mouvement ni fini, ni infini, et ne connaissent ni distinction de lieu, ni distinction de temps.

Pour ce qui est de l'argument qu'Aristote avance au sujet de la pesanteur et de la légèreté, nous disons qu'il s'agit d'un des plus beaux fruits que l'arbre de la sotte ignorance ait pu produire. Parce que la pesanteur, comme nous le démontrerons, ne se trouve en aucun corps entier, qu'il soit naturellement disposé, ou situé. Et cependant il n'y a pas de différence entre la nature des lieux et la raison du mouvement. En outre, nous démontrerons que ce qui est pesant et ce qui est léger sont une seule et même chose, suivant le même mouvement et la même impulsion au regard des divers milieux. Comme au regard de ceux-ci, on considère comme une seule et même chose être en haut, être en bas, se mouvoir vers le haut et se mouvoir vers le bas. Je dis cela pour les corps et les mondes particuliers, où rien n'est pesant, ni léger, et dans lesquels lorsque les parties s'étendent et s'éloignent d'elles-mêmes, celles-ci sont dites légères, et lorsqu'elles retournent à elles-mêmes, pesantes. Ainsi, on dira des particules de la terre ou des choses terrestres, lorsque celles-ci se dirigeront vers la circonférence de l'éther, qu'elles montent, et lorsqu'elles se dirigeront vers la terre, qu'elles descendent.

Mais pour ce qui est de l'univers et du corps infini, qui l'a jamais posé comme pesant ou léger? Ou encore, qui, en affirmant de tels principes, a tant déliré qu'il en a déduit que l'infini soit pesant ou léger? Qu'il doive descendre, monter ou reposer? Nous, nous montrerons qu'en tant que corps infinis, ces corps ne sont ni pesants, ni légers. En effet, ces qualités sont celles des parties, dans la mesure où elles tendent au tout, qui est le lieu de leur conservation. Cependant, ces qualités n'appartiennent pas à l'univers, mais aux mondes entiers où sont contenues les parties. Ainsi, sur notre terre, les parties de feu qui souhaitent se libérer et monter vers le soleil, portent toujours avec elles quelques parties de la terre et de l'eau, auxquelles ces premières sont liées, et, de par leur augmentation et impulsion naturelle, elles retournent à leur place. Plus loin par conséquent, il n'est pas possible que les grands corps soient pesants, ni légers, l'univers étant infini, ni non plus qu'ils aient quelque affinité à être soit distants, soit proches de la circonférence ou du centre de l'univers infini. Il s'ensuit donc que la terre n'est pas plus à sa place que le soleil, Saturne ou l'Étoile polaire à la leur. Mais nous pourrons dire que, comme les parties de la terre retournent à la terre du fait de leur pesanteur (puisque nous avons choisi ainsi de décrire l'impulsion des parties vers le tout, du pèlerin en route vers chez lui), ainsi agissent les parties des autres corps. En effet, il peut y avoir un nombre infini d'autres terres ou de corps semblables, un nombre infini d'autres soleils, de feux ou corps semblables. Et les parties de ceux-là se meuvent toutes à partir de la circonférence vers les corps qui les contiennent, comme vers un centre. Il devrait s'ensuivre qu'il y ait un nombre infini de corps pesants. Néanmoins, cette pesanteur ne sera pas intensivement infinie dans un seul sujet, mais extensivement infinie dans des sujets innombrables. Cela peut se déduire des dires des Anciens et des nôtres, et à cela notre contradicteur n'aura rien à redire. Ce qu'il dit donc de l'impossibilité de la pesanteur infinie est si vrai et si manifeste que ce serait une honte d'en faire mention ; et cela ne contribue ni à détruire la philosophie adverse, ni à confirmer sa propre philosophie. Car tous ces arguments ne sont que des mots jetés au vent.

ELPINO — La vanité de ses arguments est ici plus qu'évidente, si bien que tout l'art de la persuasion ne suffirait pas à l'excuser. Écoutez maintenant les arguments qu'il ajoute pour prouver en général qu'il n'existe pas de corps infini. « Maintenant, dit-il[1], puisqu'il est manifeste pour ceux qui étudient les choses particulières qu'il n'existe pas de corps infini, il reste à voir si une telle chose est possible en général. En effet, quelqu'un pourrait dire que, comme le monde est ainsi disposé autour de nous, ainsi il ne serait pas impossible qu'il existe encore d'autres cieux. Mais avant d'en arriver à ce problème, raisonnons sur l'infini en général.

Il est donc nécessaire que tout corps soit infini ou fini, et, s'il est infini, il doit être composé soit de parties semblables, soit de parties dissemblables qui, à leur tour, doivent être soit d'espèces finies, soit d'espèces infinies. Il n'est pas possible qu'il soit d'espèces infinies, si nous acceptons ce que nous avons dit, à savoir qu'il existe d'autres mondes semblables au nôtre, car comme notre monde est disposé autour de nous, ainsi il sera disposé autour d'autres corps, et ainsi il existera d'autres cieux. En effet, si les premiers mouvements autour du centre sont déterminés, les seconds le seront également. Puisque nous distinguons déjà cinq sortes de corps, dont deux sont simplement pesants ou légers, deux modérément pesants ou légers et l'un ni pesant, ni léger mais agile[2] autour du centre, il devra également en

1. *Cf.* Aristote, *Du ciel*, I, 6 et 7, 274 a 30-274 b 18.
2. L'éd. S. rend *agile* par *actif*.

être ainsi dans d'autres mondes. Il n'est donc pas possible qu'ils soient d'espèces infinies. Ni non plus possible qu'ils comprennent des espèces finies ». Aristote prouve d'abord par quatre arguments qu'ils ne consistent pas en des espèces finies dissemblables. Premièrement, « chacune de ces parties infinies doit être de l'eau ou du feu, et par conséquent pesante ou légère. Or, on a démontré que cela était impossible, étant donné que ni la pesanteur, ni la légèreté ne sauraient être infinies. »

FILOTEO — Nous avons déjà amplement répondu sur ce point.

ELPINO — Je le sais. Aristote ajoute le second argument, en disant que « chacune de ces espèces doit être infinie, et doit par conséquent occuper un espace infini : d'où il s'ensuivra que le mouvement de chacune devra être infini, ce qui est impossible. En effet, un corps descendant ne peut pas tomber infiniment bas, comme c'est manifestement le cas dans tout mouvement et toute transmutation. Comme la génération ne cherche pas à faire ce qui ne peut pas être fait, ainsi dans le mouvement local on ne saurait chercher un lieu qui ne pourra jamais être atteint. Ce qui n'existe pas en Égypte ne peut pas se mouvoir vers l'Égypte, attendu que la nature n'œuvre jamais en vain. Il est donc impossible qu'un corps se meuve vers un but qu'il ne saurait atteindre ».

FILOTEO — Nous avons déjà largement répondu sur ce point, et nous affirmons qu'il existe une infinité de terres, une infinité de soleils et un éther infini — ou selon les dires de Démocrite et d'Épicure, un plein infini et un vide infini, l'un situé à l'intérieur de l'autre[1]. Il y a, de plus, diverses espèces finies, les unes comprises par les autres et les unes mises en ordre par les autres, lesquelles espèces concourent toutes à former un seul univers infini. Elles sont comme les parties infinies de l'infini, attendu qu'à partir d'une infinité de terres semblables à la nôtre elles révèlent en acte une terre infinie, non comme un seul continuum mais comme un tout composé de leur multitude innombrable. C'est également ainsi que l'on doit comprendre d'autres espèces de corps, et ce quel que soit leur nombre (que je ne tiens pas à déterminer à présent). Puisque ce sont, pour ainsi dire, les parties de l'infini, elles doivent être par conséquent infinies, de par la dimension qui résulte de leur multitude. Or ici, il n'est nul besoin que le corps pesant s'achemine infiniment vers le bas. Mais comme ce corps pesant tend à se rapprocher du corps qui lui est le plus proche

1. *Cf.* Aristote, *Physique*, IV, 6, 213 a 12.

ou le plus semblable, ce dernier en fera de même pour celui qui lui est le plus proche ou le plus semblable, et ainsi de suite. Cette terre a les parties qui lui sont propres. Et cet autre terre aura également les parties qui lui seront propres. Ainsi, le soleil comprend ces parties qui se dispersent à partir de lui et qui cherchent à revenir à lui. Et, de même, les autres corps réassembleront naturellement leurs propres parties. D'où, comme les limites et les distances d'un corps à l'autre sont finies, ainsi les mouvements sont finis. Et comme personne ne part pour la Grèce afin de voyager à l'infini, mais pour rejoindre l'Italie ou l'Égypte, ainsi lorsque les parties de cette terre ou du soleil sont en mouvement, leur but n'est pas l'infinité, mais le fini et le déterminé. Néanmoins, l'univers étant infini et tous ses corps transmutables, tous ceux-ci sont donc constamment dispersés et constamment réassemblés. Ils projettent vers l'extérieur leur substance, et reçoivent en eux-mêmes cette substance voyageuse. Je n'estime pas qu'il soit absurde ou inadéquat, mais au contraire tout à fait adapté et naturel qu'un sujet soit soumis à des transmutations finies. Ainsi, des particules de la terre pourront errer à travers la région éthérée et traverser le vaste espace tantôt vers ce corps-ci, tantôt vers cet autre, comme nous voyons les mêmes particules changer de lieu de disposition et de forme, même lorsqu'elles sont encore proches de nous. Nous en déduisons donc que si cette terre est éternelle, ce n'est pas tant du fait de la stabilité de chacune de ses parties ou de chacun de ses individus, mais grâce aux vicissitudes de nombreuses parties, certaines d'entre elles en étant expulsées, et d'autres prenant leur place. Ainsi, l'âme et l'intelligence persistent tandis que le corps ne cesse de changer et de se renouveler partie par partie. On peut également observer ceci chez les animaux qui ne peuvent survivre que par l'absorption de nourriture et l'évacuation d'excréments.

Celui qui voudra bien se pencher sur la question reconnaîtra que nous n'avons pas la même chair dans notre jeunesse que dans notre enfance, ni dans notre vieillesse que dans notre jeunesse. En effet, nous subissons une perpétuelle transmutation, par laquelle nous recevons un flot perpétuel d'atomes frais, et ceux que nous avons reçus précédemment ne cessent de nous quitter. Comme autour du sperme l'atome rejoint l'atome en vertu de l'intelligence générale et de l'âme (grâce à la construction à laquelle, en tant que matière, elles contribuent), ainsi le corps acquiert forme et développement lorsque l'influx des atomes excède leur efflux. De plus, ce même corps est d'une certaine consistance lorsque l'efflux équivaut à l'influx, et finalement décline lorsque l'efflux excède l'influx. Mais je ne parle pas d'efflux et d'influx absolus. J'entends par efflux ce qui est naturel et adéquat, et par influx ce qui est voyageur et inadéquat. Cet influx ne peut être vaincu par la source originelle, qui est affaiblie du fait de l'efflux continuel de la matière vitale autant que non vitale.

Pour en revenir maintenant à mon propos, je déclare qu'en raison de telles vicissitudes, il n'est pas inadéquat et, au contraire, il est tout à fait raisonnable d'affirmer que les parties et les atomes ont une course et un mouvement infinis, en raison des vicissitudes et des transmutations infinies de toute forme et de tout lieu. Il serait, en effet, inadéquat qu'on puisse trouver un objet tendant à l'infinité comme à une proche limite vouée au mouvement local ou au changement. Cela est impossible, étant donné qu'un corps ne quitte pas plus tôt une position qu'il n'en retrouve aussitôt une autre, qu'il n'est pas plus tôt privé d'une disposition qu'il n'en acquiert aussitôt une autre, et qu'il n'abandonne pas plus tôt son être qu'il n'en adopte aussitôt un autre. Cela est nécessairement dû à l'altération qui découle nécessairement du changement de lieu. Ainsi, un sujet proche et formé ne saurait se mouvoir que dans un sens fini, car il changerait aisément de forme s'il changeait de lieu. Mais le sujet premier et apte à la forme se meut infiniment à travers l'espace et à travers une infinité de formes, tandis que les parties de la matière ne cessent d'entrer et de sortir, changeant toujours de lieu, de parties et de tout.

ELPINO — Je comprends parfaitement. Aristote ajoute comme troisième argument[1] que « si l'infini était considéré comme discret et discontinu, de façon qu'il y aurait une infinité de particules de feu séparées, le feu qui résulterait de ces particules individuelles serait infini ».

FILOTEO — J'ai déjà admis cela. Et, sachant cela, Aristote n'aurait pas dû trouver à redire à ce qui n'entraîne aucun inconvénient. Car si le corps se sépare et se divise en différentes parties distinctes et situées, parmi lesquelles l'une pèse cent unités, l'autre mille unités, une autre encore dix unités, il s'ensuivra que le tout pèsera mille cent dix unités. Mais cela sera dû à plusieurs poids discrets, et non à un poids continu.

Or, ni les Anciens, ni nous n'avons considéré comme problématique de penser que les parties discrètes devraient avoir un poids infini. En effet, de ces parties il résulte logiquement, arithmétiquement ou géométriquement un poids. Mais, du point de vue de la vérité et de la nature, elles ne forment ni un seul poids infini, ni même une masse infinie. Elles forment au contraire des masses infinies et

---

1. *Cf.* Aristote, *Du ciel*, I, 7 *sq.*, 274 b 18-19.

des poids finis. Que cela soit, que cela soit pensé et que cela soit imaginé ne revient pas au même, mais s'avère très différent. En effet, il n'en résulte pas qu'il s'agisse d'un seul corps infini d'une seule espèce, mais d'une seule espèce de corps comprenant une infinité de corps finis. Et un seul poids infini ne sera pas plus composé d'une infinité de poids finis, attendu que cette infinité n'est pas continue mais constituée de parties discrètes se trouvant dans un continuum infini qui est l'espace, le lieu et la dimension[1] capable de contenir toutes ces parties. Il n'est donc pas inadéquat qu'il y ait ce nombre infini de poids discrets qui ne constituent pas un seul poids. De même, un nombre infini de gouttes d'eau ne forme pas plus une étendue infinie d'eau qu'une infinité de particules de terre ne forme une terre infinie. Ainsi il existe des corps qui, bien qu'infinis en nombre, ne forment pas physiquement un seul corps de dimension infinie. C'est ce qui fait là toute la différence. Toute proportion gardée, il en va de même pour le halage d'un navire, qui exige l'effort de dix hommes, et ce navire ne serait pas plus halé par une myriade d'hommes ne tirant pas ensemble qu'il ne le serait par chacun de ces hommes séparément.

ELPINO — Avec ce raisonnement et bien d'autres, vous avez réglé mille fois le problème posé par le quatrième argument d'Aristote. Il y est dit que « si l'on pose un corps infini, il faudra nécessairement que cet infini soit compris du point de vue de toutes les dimensions, étant donné qu'il ne pourra rien exister en aucun endroit qui ne soit extérieur à lui. Donc, il n'est pas possible qu'il puisse y avoir dans un corps infini différents corps dissemblables, chacun d'eux étant infini[2]. »

FILOTEO — Tout cela est vrai et ne contredit en rien ce que nous avons déjà affirmé de nombreuses fois, à savoir qu'il existe nombre de corps finis dissemblables au sein d'une seule infinité. Nous avons d'ailleurs établi comment cela se pouvait. C'est peut-être proportion-nellement que nous pourrions exprimer cela, comme si l'on disait que beaucoup de parties continues forment une unité, comme par exemple dans le cas de la boue, où toujours et en chaque partie, l'eau est constituée par l'eau, la substance terreuse par la substance terreuse. Ainsi, puisque le concours des atomes de terre et des atomes d'eau dépasse notre perception sensible, ces minima ne sont ni discrets, ni

1. L'éd. S développe *dimension* par *forme mesurable*.
2. *Cf.* Aristote, *Du ciel*, I, 7 sqq. 274 b 19-22.

continus, mais forment un seul continuum qui n'est ni eau, ni terre mais boue.

Quelqu'un d'autre, en revanche, pourra tout aussi bien aimer affirmer que l'atome d'eau n'est pas véritablement continué par l'atome d'eau, ni celui de terre par lui-même, mais que l'eau est continuée par la terre et inversement. Il pourra s'en trouver un troisième pour venir battre en brèche ces deux premières assertions et affirmer que la boue n'est continuée que par la boue. Et, selon ces raisonnements, l'univers infini peut être considéré comme un seul continuum dans lequel la discrétion n'est pas plus introduite par l'interposition d'éther entre les grands corps célestes qu'elle ne peut l'être à l'intérieur de la boue par l'interposition d'air parmi les particules sèches et liquides, la différence résidant uniquement dans la finesse et la subtilité des parties de boue dépassant notre perception sensible, et dans la grandeur, la plus grande dimension et les qualités sensibles des parties de l'univers. Ainsi, les différentes parties contraires en mouvement convergent et constituent un seul corps continu et sans mouvement, où les contraires participent à la constitution d'un seul ensemble, et appartiennent à un seul ordre et forment finalement un seul tout. Il serait certainement impossible et inadéquat de poser deux infinis distincts l'un de l'autre, étant donné qu'il serait impossible de concevoir entre eux une ligne de partage, où finirait un infini et où commencerait l'autre. Il s'ensuivrait que chacun d'eux se terminerait dans l'autre. De plus, il est des plus difficiles de trouver deux corps finis à une extrémité, et infinis à l'autre.

ELPINO — Aristote donne encore deux raisons pour prouver qu'un corps infini composé de parties semblables n'existe pas. « La première pose qu'à un tel corps doit correspondre l'une de ces espèces de mouvement local. Par conséquent, il serait soit d'un poids infini ou d'une légèreté infinie, soit posséder un mouvement circulaire infini. Or, nous avons déjà démontré que ces deux cas étaient impossibles. »

FILOTEO — Et nous avons également clairement expliqué combien sont vains ces arguments, que cet infini ne se meut pas, qu'il n'est ni pesant, ni léger, pas plus que tout autre corps occupant sa position naturelle, ni même les parties séparées, lorsqu'elles se sont éloignées au-delà d'une certaine distance de leur propre lieu. Le corps infini n'est donc pas, selon nous, mobile en puissance, ni mobile en acte, ni pesant, ni léger, ni en puissance, ni en acte. Aussi peut-il d'autant moins faire preuve d'infinie pesanteur ou d'infinie légèreté suivant nos principes ou d'autres, contre lesquels Aristote a construit de véritables châteaux de sable.

ELPINO — Le deuxième argument est tout aussi vain, car pour qui n'admettra jamais le mouvement de l'infini, il est vain de se demander « si l'infini se meut naturellement ou violemment[1], qu'il soit en puissance ou en acte. »

Aristote prouve ensuite qu'il n'existe pas de corps infini, grâce à des arguments fondés sur le mouvement en général, après avoir raisonné sur le mouvement tel qu'il est communément entendu. Il déclare qu'un corps infini ne peut agir sur un corps fini, pas plus qu'il ne peut subir l'influence de ce dernier. Et il le prouve au moyen de trois arguments.

Premièrement, « l'infini ne saurait pâtir du fini », car tout mouvement et, par conséquent, tout mouvement donné relève du temps. En effet, s'il en était ainsi[2], comme un corps plus petit peut subir une action à proportion de ses dimensions, il s'ensuivrait que le rapport entre le patient fini et l'agent fini serait semblable à celui qui lie le patient fini à l'agent infini. Cela est visible, si nous prenons le corps infini A, le corps fini B et, puisque tout mouvement relève du temps, nous aurons un temps G, durant lequel A soit se mouvra, soit sera mû [par B, voir figure 2]. Nous prendrons alors le plus petit corps B, et la ligne D agira sur un autre corps H, de telle sorte que cette action sera accomplie dans le même temps G. Ainsi, on observera que le rapport entre D, le plus petit agent fini et B, le plus grand, sera égal au rapport entre le patient fini H et quelque partie finie de A, c'est-à-dire AZ [D:B = H:AZ ; voir figure 2]. Maintenant, lorsque nous changeons le rapport entre le premier terme, l'agent D, et le troisième terme, le patient H, de façon que cette proportion soit égale au rapport entre le deuxième terme, l'agent B, et le quatrième terme, le patient AZ, alors le rapport sera le même entre D et H qu'entre B et AZ [D:H = B:AZ]. Ainsi, B aura mis le même temps G pour accomplir son action sur le fini et l'infini, autrement dit sur AZ comme partie de l'infini et sur A comme infini. Or, cela est impossible. Par conséquent, un corps infini ne saurait être ni agent, ni patient. En effet, deux patients égaux pâtiront d'un même agent en même temps ; un patient moindre pâtira du même agent en moins de temps ; et un plus

---

1. L'éd. S explicite en ces termes : *si l'infini se meut de lui-même ou s'il est mû par quelque force.*
2. Comprenons : *si une action liait un corps infini et un corps fini.* C'est-à-dire plus petit que l'infini.

grand patient en un temps plus long. En outre, lorsque plusieurs agents coexistent dans le même temps et lorsque leur action se réalise, le rapport entre ces agents sera proportionnel au rapport entre les patients. Plus loin, tout agent agit sur un patient en un temps fini (je parle de tout agent qui mène à son terme son action, et non d'un agent dont le mouvement est continu — comme peut l'être seulement le mouvement de la translation). En effet, une action finie ne saurait avoir lieu en un temps infini. Voici donc la première preuve que le fini ne peut accomplir une action dans l'infini :

G temps

A patient infini.   *B* plus grand agent fini.

AZ partie (finie) de l'infini (patient).

H patient fini.   *D* plus petit agent fini.

figure 2

Deuxièmement, il est démontré de la même façon que « l'infini ne peut être l'agent d'une chose finie ». Soient un agent infini A et un patient fini B, posons que A agit sur B en un temps fini G. Posons ensuite que le corps fini D agit sur BZ, partie de B, dans le même temps G. Et soit H un agent fini plus grand que D, de telle sorte que le rapport entre le patient BZ et le patient [fini] B sera proportionnel au rapport entre l'agent [fini] D et l'autre agent fini H [BZ : B = D : H ; voir figure 3]. Et si le rapport entre l'agent D et le patient BZ change pour devenir proportionnel au rapport entre l'agent H et le patient B [D : BZ = H : B], alors B sera déplacé par H durant le même temps pendant lequel BZ aura été déplacé par D soit dans le temps G, durant lequel, cependant, B aura été déplacé par l'agent infini A. Or, cela est impossible. Cette impossibilité provient de ce que nous avons dit — à savoir que si un objet infini agit en un même temps fini, cette action ne peut pas être en temps, parce qu'il n'est pas de commune mesure entre fini et infini. Si, dès lors, nous prenons deux agents divers [finis], exerçant la même force sur le même patient, leur action occupera nécessairement deux périodes de temps différentes ; et il y aura entre ces temps une relation proportionnelle à celle qui existe entre ces agents. Mais, si nous posons que deux agents, l'un infini et l'autre fini, ont la même action sur le même patient, dès lors il s'ensuivra nécessairement que l'action de l'infini ait lieu en un instant

[fini], ou que l'action de l'agent fini ait lieu en un temps infini. Or, ces deux effets sont impossibles.

Temps G.

A agent infini.

H agent fini. B patient fini.

D agent fini. BZ partie du patient fini.

figure 3

Troisièmement, il est clair qu'« un corps infini ne peut agir sur un autre corps infini ». Car, comme il est dit dans la *Physique*[1], il n'est pas possible que l'action ou la passion soit infinie ; ayant donc démontré que l'action de l'infini sur l'infini ne peut jamais être complète, on pourra en conclure qu'il n'y a point d'action entre eux. Posons dès lors deux infinis, l'un B, patient par rapport à l'autre A en un temps fini G ; car l'action finie a nécessairement lieu en un temps fini. Nous poserons alors que la partie BD du patient [B] pâtit de l'action de A ; il sera certainement clair que la passion[2] de la partie BD aura lieu en un temps Z, plus court que le temps G. Dès lors, le rapport entre le temps Z et le temps G sera semblable à celui existant entre BD, partie du patient infini [B], et BDH, partie plus importante du patient infini B [Z:G : BD:BDH] ; et BDH sera patient de A en un temps fini[3] G. Mais tout l'infini B a déjà souffert l'action de A dans le même temps G. Et ceci est faux, car il est impossible que deux patients [B et BDH], l'un infini, l'autre fini, pâtissent de la même action de la part du même agent, que la cause efficiente soit finie ou, comme nous l'avons posé, infinie.

FILOTEO — J'estimerais tout ce qui est dit par Aristote si ce qui était bien dit était bien appliqué, et si ses conclusions venaient à propos. Mais, comme nous l'avons déjà dit, aucune autre méthode philosophique que celle d'Aristote ne conduit en matière d'infini à de tels inconvénients. Néanmoins, non pour lui répondre, car en cela il ne se différencie en rien de nous, mais pour considérer seulement l'importance de ses opinions, examinons sa façon de raisonner.

1. *Cf.* Aristote, *Physique*, III, 8, 204 b et *Du ciel*, I, 7, 275 a-275 b.
2. Il faut entendre ici par *passion : qui subit une action.*
3. L'éd. S fait justement remarquer que Bruno s'est trompé en laissant dans le texte original *en un temps infini G.*

Premièrement, il se fonde sur des fondements non naturels, désireux de prendre telle ou telle partie de l'infini, bien que l'infini ne
puisse avoir de parties ; à moins, en effet, que nous ne disions cette
partie infinie ; et ceci implique une contradiction, à savoir qu'il y
aurait une partie plus grande d'infini et une partie plus petite, ou une
partie qui aurait un rapport plus grand, et une partie du rapport plus
petit, toutes deux relativement au tout. Mais tu n'approches pas plus
près de l'infini par centaines que par triades, car le nombre infini ne
comprend pas moins de triades infinies qu'il ne comprend de centaines infinies. La dimension infinie n'appartient pas moins aux pieds
infinis qu'elle n'appartient aux milles infinis. Par conséquent, lorsqu'on parlera des parties d'un infini, nous ne dirons pas « une cen-
taine de milles » ou « un millier de parasanges[1], car ces termes
peuvent être semblablement utilisés pour les parties d'un monde fini.
Elles ne sont en vérité que des parties de l'ensemble fini dont elles
relèvent proportionnellement. Ainsi, mille années ne représentent
pas des parties de l'éternité, parce qu'elles ne relèvent pas proportionnellement de cet ensemble. Mais, ce sont de véritables parties de
quelque mesure du temps, soit par exemple dix mille ans ou cent
mille siècles.

ELPINO — Dès lors, faites-moi comprendre ce que vous entendez par
parties de l'infinie durée.

FILOTEO — J'entends par parties de l'infinie durée les parties d'une
durée de temps ayant un rapport proportionnel avec la durée et le
temps, mais non avec la durée infinie, ni avec le temps infini. En
effet, en matière de durée infinie, le temps maximal, à savoir la partie
proportionnellement la plus grande d'une durée, équivaut à la plus

Temps fini

G   Z

A agent infini.

patient infini.

B   D   H.

figure 4

1. Unité de mesure équivalent, en principe, à quatre kilomètres et demi.

petite, étant donné que des siècles infinis ne durent pas plus que des heures infinies. Je dis qu'en matière de durée infinie, à savoir d'éternité, il n'est pas plus d'heures que des siècles. De sorte que tout ce qui est peut être décrit comme une partie de l'infini, en tant que partie de l'infini, est infini en durée et en dimension. De cet enseignement, vous pouvez juger combien Aristote a été prudent dans ses hypothèses lorsqu'il imagine des parties finies de l'infini; et vous pouvez mesurer la force des arguments de certains théologiens qui considèrent que l'éternité de temps comprend l'inconvénient de nombreux infinis, les uns plus grands que les autres, aussi nombreux que les nombres eux-mêmes. J'affirme que par mon enseignement vous pouvez échapper à ces innombrables labyrinthes.

ELPINO — En particulier, pour ce qui résulte de ce que nous avons entendu par pieds infinis et milles infinis, ce qui nous conduirait à poser un plus petit infini et un plus grand infini au sein de l'immensité de l'univers. Maintenant, poursuivez.

FILOTEO — Deuxièmement, Aristote ne consolide pas son argument par la démonstration. En effet, étant donné que l'univers est infini, qu'il y a *en lui* une infinité de parties (je ne dis pas qu'il s'y trouve des parties *de* cet univers car cela ne revient pas au même de parler de parties *dans* l'infini et de parties *de* l'infini), et que toutes ces parties éprouvent à la fois action et passion (celles-ci peuvent donc être transmuées l'une en l'autre), Aristote veut en déduire soit que l'infini agit ou pâtit par rapport au fini, soit que l'infini agit sur l'infini et que celui-ci subit l'action et est transformé par celui-là. Nous soutenons que cette illation[1] n'est pas physiquement valide, bien qu'elle soit correcte du point de vue logique. En effet, en calculant avec notre raison, nous pouvons découvrir des parties infinies à la fois actives et passives. Et celles-ci doivent être considérées comme le contraire de celles-là. Cependant, comme nous le voyons, les parties ne sont, dans la nature, ni discrètes, ni séparées par des frontières particulièrès, et elles ne nous invitent donc pas à dire que l'infini est agent ou patient, mais plutôt à conclure que, dans l'infini, d'innombrables parties finies font preuve d'action et de passion. On pourra donc reconnaître non que l'infini est mobile ou inaltérable, mais qu'il s'y trouve d'innombrables corps mobiles et altérables. Non que le fini subit l'action de l'infini, ni que l'infini subit celle du fini, ni l'infini celle de l'infini, du point de vue de l'infinité naturelle et physique. Mais on reconnaîtra que, comme d'une agrégation logique et rationnelle,

1. Illation: conclusion, inférence.

tous les corps pesants, au sein de l'infini, sont comme un même corps
pesant, bien que tous les corps pesants ne constituent pas un seul et
même corps pesant. Ainsi, au sein de l'infini, totalement immobile,
inaltérable et incorruptible, il se peut qu'on trouve et il existe des
mouvements et des altérations, innombrables et infinis, parfaits et
incomplets. En outre, ajoutons à ce qui a été dit qu'étant donné deux
corps, d'une part, infinis et, de l'autre, bornés l'un par l'autre, il ne
s'ensuit pas, comme Aristote l'a cru, que leur action et leur passion
mutuelles soient nécessairement infinies, car si l'un des deux corps
agit sur l'autre, cet agent n'exercera point d'influence en fonction de
sa dimension et de son étendue ; en effet, cet agent n'est ni voisin, ni
proche, ni joint, ni continué par l'autre, et ce ni en tant que tout, ni en
tant que toutes les parties de ce tout.

Par conséquent, nous posons le cas suivant lequel deux corps
infinis A et B sont continus et liés l'un à l'autre par la ligne ou surface
FG [figure 5]. Certes, ni l'un, ni l'autre n'en arrivera à agir de toute sa
force sur l'autre. En effet, les parties de l'un ne sont pas toutes
voisines des parties de l'autre, étant donné que la continuité n'est
possible que par des limites finies. Et j'ajoute que même si nous
supposons que la surface ou ligne [FG] est infinie, il ne s'ensuivra pas
que les corps qui s'y jouxtent exercent une action infinie et subissent
une passion infinie, attendu qu'ils ne sont pas intensifs mais extensifs
et que les parties sont également étendues. Il apparaît donc que
l'infini n'exerce sa force totale en aucune partie, mais seulement
partie par partie, extensivement, discrètement et séparément.

	10	1	F	A	M	
A	20	2		B	N	B
	30	3		C	O	
	40	4	G	D	P	

figure 5

A supposer, par exemple, que les parties de deux corps opposés
susceptibles d'action réciproque soient voisines comme A de 1, B de
2, C de 3, D de 4 [figure 5], et ainsi de suite à l'infini, tu ne seras jamais
en mesure de vérifier entre ces corps une action intensive infinie, car
les parties de ces deux corps ne peuvent avoir d'action réciproque
que dans les limites d'une distance déterminée ; et donc M et 10, N et
20, O et 30, P et 40 ne sauraient faire preuve d'action réciproque.
Partant, étant donné deux corps infinis, il ne s'ensuivra pas entre eux
d'action infinie. Je dis plus loin que, quel que soit ce que l'on puisse
supposer ou accorder à l'égard de ces deux corps infinis en matière

d'action intensive réciproque due à la totalité de leur force, il ne s'ensuivra aucun effet d'action, ni de passion. En effet, l'un n'est pas moins en puissance de s'opposer et de résister que l'autre d'attaquer et d'insister, et il ne s'ensuivra donc aucun changement. Partant, si deux contraires infinis s'opposent, il ne s'ensuivra qu'un changement fini ou nul changement du tout.

ELPINO — Dès lors, que direz-vous si nous supposons que l'un de ces corps opposés est fini et l'autre infini? Comme, par exemple, si la terre était un corps froid et le ciel et les astres des corps de feu, à supposer que le ciel soit d'une immensité infinie et les astres innombrables? Considérez-vous qu'il en résulterait, comme en a déduit Aristote, que le fini serait absorbé dans l'infini[1]?

FILOTEO — Certes non, comme on peut en déduire de ce que nous avons dit. Car si une vertu corporelle était diffusée au travers d'un corps infini, elle n'agirait pas alors sur le corps fini avec une vigueur et une vertu infinie, mais elle ne serait efficiente que du fait d'une force telle qu'elle pourrait se diffuser à partir de toutes ces parties finies dans les limites d'une certaine distance. En effet, il lui serait impossible d'opérer avec la force de toutes ses parties, mais seulement possible d'user de celles qui lui seraient les plus proches. On peut voir cela dans la démonstration que nous avons faite plus haut [figure 5], où nous supposons que A et B sont deux corps infinis, incapables de transmuer l'un en l'autre, excepté par le biais de ces parties qui se trouvent entre, d'un côté, le groupe 10, 20, 30 et 40 et, de l'autre, le groupe M, N, O et P. Et aussi loin que B se déplace et tende à l'infini, rien ne permettra que l'action [de B sur A] se renforce — même si le corps A demeure fini. C'est donc la preuve que lorsque deux contraires s'opposent, il s'ensuit toujours une action finie et une altération finie. Et ceci n'est pas moins vrai si nous supposons l'un des deux infini et l'autre fini que si nous les supposons tous deux infinis.

ELPINO — Vous m'avez entièrement satisfait, de sorte qu'il m'apparaît superflu de rassembler encore les arguments sauvages par lesquels Aristote cherche à prouver qu'il n'y a pas de corps infini au-delà du ciel. Cet argument pose que « tout corps situé peut être perçu par nos sens, mais qu'au-delà du ciel aucun corps n'est accessible à nos sens; par conséquent, une telle région n'existe pas »[2]. Ou encore:

1. *Cf.* Aristote, *Physique*, III, 5.
2. *Cf.* Aristote, *Du ciel*, I, 7, 275 b 7-9.

« Tout corps qui peut être perçu par nous occupe un lieu, mais il n'est point de lieu au-delà du ciel; par conséquent il ne s'y trouve aucun corps. Et cependant il s'y trouve encore moins de choses au-delà; parce que le mot *au-delà* implique une différence de lieu, à savoir, de lieu perceptible, et ne peut donc pas être appliqué à un corps spirituel et intelligible : or, comme on pourrait le dire, ce qui est perceptible à nos sens est fini[1]. »

FILOTEO — Je crois et comprends qu'au-delà de ce bord imaginaire du ciel il y a toujours plus loin une région éthérée avec des corps mondains, des astres, des terres et des soleils, tous perceptibles les uns aux autres, et que chacun d'entre eux se trouve à l'intérieur ou à côté, bien qu'en raison de cette extrême distance ils ne nous soient pas perceptibles. Et, en la matière, considérez sur quoi se fonde celui qui soutient que, parce qu'il n'est point de corps qui nous soit perceptible au-delà de notre prétendue circonférence, il n'est donc pas de tels corps.

Partant, il se persuade qu'il n'y a rien que la huitième sphère au-delà de laquelle les astrologues de son temps croyaient qu'il n'y avait aucun ciel. Et comme ils se référaient toujours au tournoiement apparent du monde autour de notre terre comme à un premier mobile, suprême au-dessus de tous les autres, ils établissaient donc un système qui avait de tels fondements qu'ils continuaient même plus loin, ajoutant sans fin une sphère à une autre, et croyaient que certaines d'entre elles ne contenaient aucune étoile, par conséquent aucun corps perceptible. Bien que les suppositions et les conceptions astrologiques aient condamné cette opinion, celle-ci est cependant encore mieux condamnée par ceux qui comprennent mieux comment les corps supposés appartenir à la huitième sphère diffèrent néanmoins les uns des autres de par la plus grande ou plus petite distance qui les sépare de la surface de notre terre, non moins que ne le font les corps dans les sept autres sphères. En effet, l'argument posant leur équidistance repose uniquement sur le présupposé manifestement erroné de la fixité de notre terre, auquel toute la nature s'oppose foncièrement, et auquel tout jugement, toute opinion réfléchie et tout esprit informé s'opposeront toujours. Quoi qu'il en soit, on affirme contre toute raison que l'univers doit s'achever exactement à la limite de notre pouvoir de perception, parce que la perceptibilité est ce qui nous porte à croire à l'existence des corps. Mais l'invisibilité peut être causée par notre perception défectueuse et non par l'ab-

---

1. *Ibid.* 9-11.

sence de l'objet perceptible, et cela ne nous laisse en rien soupçonner que ces corps n'existent pas. En effet, si la vérité dépendait de notre perception, les corps qui nous sembleraient proches les uns des autres le seraient effectivement. Mais nous jugeons qu'une étoile qui semble petite dans le ciel et qui est dite de quatrième ou de cinquième grandeur pourra être beaucoup plus grande qu'une autre dite de deuxième ou de première grandeur, parce que notre perception s'égare, incapable qu'elle est de reconnaître l'effet de la plus longue distance[1]. Mais, comme nous avons reconnu le mouvement de la terre, nous savons que ces mondes ne sont pas équidistants du nôtre, comme c'est le cas pour un déférent[2].

ELPINO — Vous voulez dire que ces mondes ne sont pas comme encastrés dans une seule coupole, notion ridicule que les enfants pourraient avoir, imaginant peut-être que si ces mondes n'étaient pas attachés à cette tribune et surface célestes par quelque bonne colle ou cloués par quelques clous solides, ils nous tomberaient dessus comme une grêle. Mais vous considérez que ces autres innombrables terres et vastes corps occupent leurs régions et à des distances spécifiques dans l'espace éthéré précisément comme le fait notre terre, qui, de par sa révolution, donne l'impression qu'elles sont toutes enchaînées les unes aux autres et qu'elles tournent autour d'elle. Vous voulez dire qu'il n'est pas besoin de poser un corps spirituel au-delà de la huitième ou neuvième sphère. Mais, comme le même air environne et contient la terre, la lune et le soleil, ce même air s'étend infiniment jusqu'à contenir d'autres astres infiniment nombreux et d'autres grands animaux. Et cet air devient ainsi l'espace commun et universel, le cœur infiniment spacieux qui soutient et embrasse tout l'infini, pas moins que cette partie qui nous est perceptible grâce aux si nombreuses lampes qu'on y trouve.

Vous voulez que ce ne soit pas cet air, ce corps enveloppant qui se meuve circulairement, balayant avec lui les astres tels que la terre, la lune et d'autres encore. Mais vous voulez que ceux-ci, de par l'âme qui les anime, se meuvent au sein de leur propre espace et aient chacun leur propre mouvement, parallèlement à ce mouvement mondain apparent qui résulte du mouvement de notre terre, et parallèlement à d'autres au-delà qui semblent communs à tous les astres, comme s'ils étaient attachés à un corps en mouvement, car ils ont tous pour nous cette apparence du fait des différents mouvements de l'astre que nous habitons, dont le mouvement nous est

1. L'éd. S ajoute : *distance qui nous sépare de l'étoile la plus petite.*
2. Trajectoire circulaire, uniforme et régulière que décrit le centre d'un épicycle.

imperceptible. Vous voulez par conséquent que l'air et les parties qui habitent la région éthérée ne connaissent pas de mouvement sinon de restriction ou d'amplification, chacun de ces mouvements devant exister afin d'assurer la progression de ces corps solides à travers cette région, tandis que certains d'entre eux tournent autour d'autres, et que ce corps spirituel emplit nécessairement le tout.

FILOTEO — C'est vrai. De plus, je dis que cette immensité infinie est un animal bien qu'il n'ait ni forme déterminée, ni perception des choses extérieures. En effet, il est pénétré de toute l'âme, il embrasse toute la vie et il est le tout de la vie[1]. En outre, je dis que cette conception ne s'accompagne d'aucun inconvénient comme c'est le cas de celle qui suppose deux infinis, car l'univers étant un corps animé, il a en lui la vertu de se mouvoir infiniment et d'être infiniment mû — d'une façon discrète, comme nous l'avons dit. En effet, tout le continuum est immobile, pour ce qui est du mouvement circulaire autour de son centre et pour ce qui est du mouvement rectiligne, soit dirigé vers son centre, soit en provenant — car lui-même n'a ni centre, ni limite. D'autre part, nous disons qu'il ne convient pas d'attribuer les mouvements de pesanteur et de légèreté soit à un corps infini, soit même à n'importe quel corps complet et parfait au sein de l'infini, soit encore à n'importe quelle partie de ces corps, car chacune de ces parties occupe sa position naturelle et jouit de sa disposition naturelle. Une fois de plus, je répète que rien n'est absolument pesant, ni absolument léger, sinon par rapport au lieu vers lequel les parties répandues et dispersées se dirigent ou duquel celles-ci s'éloignent.

Voilà aujourd'hui que nous avons suffisamment examiné la dimension infinie de l'univers. Demain, je vous attendrai puisque vous souhaitez comprendre en quoi il existe un nombre infini de mondes dans cet univers.

ELPINO — Bien que je croie que l'enseignement sur ce premier sujet m'ait également éclairé à propos de ce qui suivra, je reviendrai néanmoins dans l'espoir d'entendre d'autres détails d'importance.

FRACASTORIO — Et moi, je ne viendrai qu'en pur auditeur.

BURCHIO — Moi de même, car je commence petit à petit et de plus en plus à vous comprendre. Ainsi j'en viens par degrés à tenir vos propos pour vraisemblables, et peut-être, les tiendrais-je pour vrais.

---

1. Textuellement: *il comprend tout ce qui est animé et il est tout ce qui est animé.*

TROISIÈME DIALOGUE

FILOTEO — Le ciel, l'immensité de l'espace, notre cœur, l'enveloppe universelle et la région éthérée, au travers de laquelle le tout se meut, ne sont qu'une seule et même chose. On y voit d'innombrables étoiles, astres, globes, soleils et terres, et l'on peut, par la raison, en supposer infiniment davantage. Immense et infini, l'univers est cette composition, fruit de ce vaste espace et des si nombreux corps qu'il contient.

ELPINO — De sorte qu'il n'est point de sphère à la surface concave et convexe, ni d'orbe déférent[1], mais que tout est un champ, un refuge universel.

FILOTEO — C'est cela.

ELPINO — L'opinion qui suppose l'existence de divers cieux trouve son origine dans les divers mouvements des astres et dans l'apparence d'un ciel empli d'étoiles tournant autour de la terre. On ne saurait par aucun moyen voir ces corps lumineux s'éloigner les uns des autres. Mais, conservant toujours entre eux la même distance et la même relation suivant un certain ordre, ils semblent tourner autour de la terre, comme si une roue sur laquelle était clouée d'innombrables miroirs tournait sur son axe. On estime donc des plus évidents, d'après ce que l'on peut en voir, que ces corps lumineux n'ont aucun mouvement qui leur soit propre. Ils ne sauraient non plus, tels des oiseaux, parcourir les airs de leur vol; mais, leur mouvement n'est dû qu'à la révolution des orbes auxquels ils sont

---

1. Cette théorie des orbes célestes n'est pas d'Aristote, mais de ses commentateurs — parmi lesquels Averroès.

fixés, dont le mouvement est l'effet de la pulsion divine de quelque intelligence.

FILOTEO — Telle est la croyance commune. Mais après avoir compris que notre astre — autrement dit notre monde — qui n'est fixé à aucun orbe mais entraîné par le principe qui lui est intrinsèque, par son âme et sa nature, tourne autour du soleil à travers l'immensité de l'espace universel et tourne sur lui-même, cette croyance sera ruinée. Alors s'ouvrira la porte de l'intelligence des vrais principes de la nature, et nous serons en mesure d'avancer à grands pas sur le chemin de la vérité qu'a dissimulée le voile de sordides et bestiales illusions et qui, jusqu'aujourd'hui, est demeurée occulte, à cause de l'injure du temps et des vicissitudes des choses, après qu'à la pleine lumière des anciens sages eut succédé la ténébreuse nuit des téméraires sophistes.

> Rien ne repose, mais tout tourne et tournoie
> Où dans le ciel et sous le ciel on voit.
> Toute chose se meut, ou en haut, ou en bas,
> Bien qu'elle soit longue ou brève,
> Ou pesante, ou légère ;
> Et peut-être tout va du même pas
> Et vers le même point.
> Car toute chose se meut jusqu'à l'un,
> Tant la vague sur l'eau tournoie,
> Que la même partie
> Tantôt retombe, tantôt remonte,
> Et le même tohu-bohu
> Donne au tout
> Tous les mouvements possibles.

ELPINO — Indubitablement, toute cette imagination de sphères portant les étoiles et les feux, d'axes, de déférents, de fonctions épicycloïdales et d'autres chimères semblables, se fonde uniquement sur la croyance suivant laquelle notre terre occupe, comme cela semble être le cas, le centre même de l'univers, de sorte qu'étant, elle seule, immobile et fixe, tout l'univers tourne autour d'elle.

FILOTEO — Voilà précisément ce que croient voir ceux qui demeurent sur la lune et sur les autres étoiles de ce même espace, qu'il s'agisse de terres ou de soleils.

ELPINO — En supposant pour l'heure que le mouvement de notre terre soit la cause de cette apparence de mouvement mondain et diurne, et que du fait de ses mouvements divers la terre soit la cause de tous les mouvements qui semblent appartenir aux innombrables étoiles, nous continuerons de dire que la lune, qui est une autre terre, se meut d'elle-même à travers l'air autour du soleil. De même, Vénus, Mercure et celles qui sont autant d'autres terres tourneront autour de la même source de vie[1].

FILOTEO — C'est cela.

ELPINO — Les mouvements propres à chacune de ces terres sont ceux de leurs mouvements apparents, qui ne sont pas dus à notre mouvement mondain; et les mouvements propres des corps connus pour être des étoiles fixes (bien que leur fixité apparente et le mouvement mondain se réfèrent nécessairement à notre terre) sont plus divers et plus nombreux que les corps célestes eux-mêmes. Car si nous pouvions observer le mouvement de chacun d'entre eux, nous trouverions que jamais deux astres ne sauraient suivre le même cours à la même vitesse; mais, ce n'est que la grande distance qui nous en sépare qui nous empêche de distinguer ces variations. Quel que soit le mouvement de ces astres autour de la flamme solaire ou sur eux-mêmes afin de participer à la chaleur vitale d'un soleil, il nous est impossible de comprendre la diversité de leur approche et de leur éloignement par rapport à nous.

FILOTEO — C'est cela.

ELPINO — Il est donc d'innombrables soleils et un nombre infini de terres tournant autour de ces soleils, à l'instar de ces sept terres que nous voyons tourner autour du soleil qui nous est proche.

FILOTEO — C'est cela.

ELPINO — Pourquoi donc ne voyons-nous pas ces autres corps lumineux qui sont des terres tournant autour de ces corps lumineux qui sont des soleils? En effet, au-delà de ceux-ci nous ne pouvons distinguer aucun mouvement. Et pourquoi tous ces autres corps mondains (excepté ceux connus pour être des comètes) apparaissent-ils toujours dans le même ordre et à la même distance?

FILOTEO — La raison en est que nous voyons seulement les soleils qui sont les plus grands corps. Mais nous ne distinguons pas les terres qui nous sont invisibles de par leur petitesse. De même, il n'est pas

---

1. Textuellement: *le même père de vie.*

contraire à la raison que d'autres terres tournent autour de notre soleil et nous soient invisibles ou du fait de la grande distance qui nous en sépare, ou de leur petite dimension, ou parce qu'elles n'ont qu'une surface aqueuse réduite, ou bien encore que cette surface aqueuse n'est ni tournée vers nous, ni opposée au soleil, position qui nous la rendrait autrement visible à l'instar d'un miroir de cristal renvoyant de lumineux rayons. Il s'ensuit donc qu'il n'est ni merveilleux, ni contraire à la nature que nous entendions souvent que le soleil a connu une éclipse partielle sans que la lune se soit interposée entre lui et nous. Il se peut qu'il existe d'innombrables corps lumineux et aqueux — autrement dit des terres constituées en partie d'eau — tournant autour du soleil au-delà de ceux qui nous sont visibles. Mais nous ne pouvons distinguer de différence dans leur orbite du fait de la grande distance qui nous en sépare, voilà pourquoi nous ne voyons pas de différence entre le mouvement très lent que l'on remarque chez ceux qui sont visibles au-dessus ou au-delà de Saturne. On ne voit de différence de mouvement ni chez les uns, ni chez les autres, ni même de règle du mouvement autour de leur centre, que nous posions pour centre notre terre ou notre soleil.

ELPINO — Comment dès lors pouvais-tu soutenir que tous ces corps, quelle que soit la distance qui les sépare de leur centre, c'est-à-dire du soleil, puissent participer à la chaleur vitale de celui-ci ?

FILOTEO — Parce que plus ces corps seront éloignés du soleil, plus grand sera le cercle de leur orbite autour de lui ; et plus grande sera leur orbite, plus lente sera leur course autour du soleil ; et plus lent sera leur mouvement, plus forte sera leur résistance aux rayons enflammés du soleil.

ELPINO — Vous vouliez donc que, bien que si éloignés du soleil, ces corps puissent en retirer toute la chaleur nécessaire. Car, tournant plus vite sur eux-mêmes et plus lentement autour du soleil, ils peuvent non seulement retirer autant de chaleur qu'il leur faut, mais davantage encore, si le besoin s'en faisait sentir. En effet, tournant plus rapidement sur eux-mêmes, la partie de leur convexité qui n'aura pas été suffisamment chauffée sera d'autant plus rapidement mise en position de recevoir de la chaleur ; alors qu'en raison de leur progression plus lente autour du foyer central, ces corps attendront d'en recevoir plus fermement une impression, partant elles recevront des rayons enflammés plus vigoureux ?

FILOTEO — C'est cela.

ELPINO — Par conséquent, vous considérez que si les astres au-delà de Saturne sont réellement immobiles, comme cela semble être le cas, il s'agira de soleils ou de feux innombrables, plus ou moins visibles pour nous, autour desquels voyagent leurs terres avoisinantes que nous ne pouvons percevoir?

FILOTEO — C'est ce qu'il faudrait en effet avancer, attendu que toutes les terres méritent la même quantité de chaleur, ainsi que tous les soleils.

ELPINO — Vous voulez donc que toutes ces terres soient des soleils?

FILOTEO — Non. Car j'ignore si ces terres, dans leur totalité ou leur majorité, sont immobiles ou si certaines d'entre elles tournent autour d'autres, attendu que personne ne les a observées. En effet, il n'est point aisé de voir le mouvement et la progression d'objets si lointains ainsi que leur changement de position, comme il arrive lorsque nous voyons des navires en haute mer. Mais, quoi qu'il en soit, l'univers étant infini, il faut enfin qu'il existe d'autres soleils. Car il est impossible que la chaleur et la lumière d'un seul corps soient diffusées à travers l'immensité, comme a pu l'imaginer Épicure si nous devons nous fier à ce que d'aucuns en rapportent. Par conséquent, il s'ensuit qu'il doit y avoir d'innombrables soleils, dont beaucoup nous semblent de petits corps, mais cet astre-ci nous apparaîtra plus petit, qui est en fait beaucoup plus grand que cet autre apparemment beaucoup plus grand.

ELPINO — On doit estimer cela à tout le moins possible et adéquat.

FILOTEO — Autour de ces corps peuvent tourner des terres à la fois plus grandes et plus petites que la nôtre.

ELPINO — Comment connaîtrai-je cette différence? Comment, dis-je, distinguerai-je ces feux de ces terres?

FILOTEO — C'est que les feux sont fixes et les terres en mouvement. C'est que les feux scintillent et non les terres. Par ces indications, on perçoit plus aisément les secondes que les premiers.

ELPINO — Ils disent que l'apparence du scintillement est due à la grande distance qui nous sépare de ces feux.

FILOTEO — Si c'était le cas, le soleil ne scintillerait pas plus que tous les autres. Et les petits astres qui sont plus lointains scintilleraient plus que les plus grands qui nous sont plus proches.

ELPINO — Croyez-vous que les mondes ignés soient habités comme les corps aqueux?

FILOTEO — Ni plus ni moins.

ELPINO — Mais quels animaux peuvent vivre dans le feu?

FILOTEO — Vous ne devez pas considérer ces mondes comme composés de parties identiques, car il ne s'agirait plus de mondes mais de masses vides, vaines et stériles. Par conséquent, il convient et il va de soi de penser que leurs parties diffèrent entre elles de même que notre terre et d'autres terres comprennent des parties différentes, bien que certains corps célestes semblent de l'eau enluminée et d'autres de flamboyantes flammes.

ELPINO — Vous croyez donc que la première matière du soleil ne diffère pas pour sa consistance et sa solidité de celle de la terre? (Car je sais que vous ne doutez pas qu'une seule et unique matière première soit à la base de toute chose.)

FILOTEO — Voilà qui est certain. Timée le comprit, et Platon vint le confirmer[1]. Tous les philosophes véritables l'ont reconnu, peu l'ont expliqué et personne de nos jours ne l'a compris, à tel point que beaucoup n'ont cessé de nous égarer de mille façons, corrompus qu'ils étaient par les convenances et privés qu'ils étaient de principes sans défaut.

ELPINO — La *Docte Ignorance* du Cusain semble avoir approché de cette interprétation, si elle ne l'a pas atteinte, lorsqu'elle affirme à propos des conditions de notre terre : « Ne pensez pas que de par son aspect sombre et sa couleur noire nous puissions affirmer que le corps terrestre est vil et plus ignoble que d'autres. Car si nous habitions le soleil, nous ne le verrions pas aussi brillant que nous le voyons à partir de cette région que nous occupons à sa circonférence. En outre, même si nous devions fixer maintenant notre regard sur le soleil, nous découvririons qu'il possède vers son centre presque une terre, ou du moins un corps aqueux et nuageux diffusant de la lumière brillante comme à partir d'une circonférence, voilà pourquoi nous en déduisons que le soleil n'est pas moins composé que la terre d'éléments qui lui sont propres[2]. »

FILOTEO — Jusqu'ici, le Cusain s'exprime divinement. Mais continuez à rapporter ce qu'il ajoute.

1. *Cf.* Platon, *Timée*, 36.
2. *Cf.* Nicolas de Cues, *La docte ignorance*, II, 12.

ELPINO — De ce qu'il ajoute on pourrait déduire que cette terre est un autre soleil et que tous les astres sont pareillement des soleils. Le Cusain s'exprime en ces termes : « Si quelqu'un se trouvait au-delà de la zone enflammée du feu élémentaire, notre terre, de par le feu, lui semblerait une brillante étoile à l'horizon ; comme il en va de même pour nous, qui nous trouvons à l'horizon de la région solaire : le soleil nous semble briller beaucoup, et la lune briller différemment peut-être à cause de son horizon par rapport auquel nous occupons une position plus médiane ou, comme le dit le Cusain, parce que nous sommes plus proches du centre, c'est-à-dire, dans la région aqueuse et humide de la lune ; ainsi, bien qu'elle dispose de sa propre lumière, celle-ci ne nous apparaît pourtant pas, et nous ne voyons que la lumière du soleil réfléchie sur la surface humide de la lune. »

FILOTEO — Grand fut le savoir de cet honnête Cusain, et grande sa compréhension ; c'est en effet l'un des hommes les plus remarquablement talentueux qui aient vécu sur cette terre. Néanmoins, quant à l'appréhension de la vérité, ce fut un nageur aux prises avec les flots tempêtueux, tantôt émergeant, tantôt sombrant, car il n'a point vu continûment, ouvertement et clairement la lumière, et n'a point nagé dans la quiétude, mais toujours par intermittence. En effet, il n'a pas évacué tous les faux principes imprégnés de la doctrine commune qu'il avait abandonnée, de sorte qu'à force peut-être d'industrie le titre de son livre vint fort à propos, à savoir celui de *Docte Ignorance* ou encore d'*Ignorance Doctrine*.

ELPINO — Quel principe aurait-il dû évacuer ?

FILOTEO — Que l'élément du feu est, comme celui de l'air, sujet à usure du fait du mouvement du ciel, et que le feu est un corps extrêmement subtil. Cela est contraire à la réalité et à la vérité qui nous est manifeste, comme nous le voyons en traitant d'autres sujets et de discours sur ce même sujet, où nous concluons qu'il existe nécessairement un principe corporel, solide et consistant, d'un corps chaud autant que d'un corps froid[1], et que la région éthérée ne peut ni être du feu, ni faite de feu, mais qu'elle est enflammée et avivée par le corps solide et dense qui lui est voisin, le soleil. De sorte que, quand nous pouvons parler suivant la nature, il n'est nul besoin d'avoir recours à ces imaginations mathématiques. Nous voyons qu'aucune

---

1. C'est Bernardino Telesio de Cosenza qui émit l'idée que l'univers est régi par deux forces contraires : le chaud et le froid. La première partie de son *De rerum natura* fut publiée à Rome en 1565. L'éd. S fait justement remarquer que Gervasio, dans *La cause, le principe et l'un* (dial. III), loue Telesio pour avoir lutté contre les opinions d'Aristote.

partie de la terre ne brille de par sa propre lumière, mais que certaines de ses parties brillent de par quelque réflexion venue d'ailleurs, comme par exemple sa région aqueuse et son atmosphère vaporeuse qui reçoivent chaleur et lumière du soleil et peuvent toutes deux se transférer aux régions avoisinantes. Par conséquent, il doit y avoir un corps premier qui doit être par lui-même brillant et chaud et, par voie de conséquence, constant, solide et dense ; car un corps rare et ténu ne peut disposer ni de lumière, ni de chaleur, comme nous l'avons démontré ailleurs. Finalement, les fondements des deux qualités primaires, actives et contraires doivent être constants. Et le soleil, de par ces parties qui sont lumineuses et chaudes, doit être comme une pierre ou comme un métal incandescent des plus solides[1] ; non comme le plomb, le bronze, l'or ou l'argent, métaux fusibles, mais comme un métal infusible ; non comme un fer rougi, mais comme le fer devenu lui-même une flamme. Ainsi, de même que cet astre sur lequel nous demeurons est en lui-même froid et sombre, ne participant pas à la chaleur ou à la lumière excepté dans la mesure où il est chauffé par le soleil, de même le soleil est en lui-même chaud et lumineux, et ne participe en rien au froid et à l'obscurité, excepté dans la mesure où il est refroidi par les corps qui l'environnent et où il contient des parties d'eau, comme notre terre contient des parties de feu. Par conséquent, comme dans ce corps le plus froid, primitivement froid et opaque se trouvent des animaux qui vivent de par la chaleur et la lumière du soleil, ainsi dans le corps le plus torride et le plus lumineux se trouveront des êtres qui peuvent végéter de par la fraîcheur offerte par les corps qui l'environnent[2]. Et comme notre terre participe d'une certaine manière dans ses parties dissemblables à la chaleur, ainsi le soleil participe d'une certaine façon dans ses parties au froid.

ELPINO — Mais qu'en est-il de la lumière ?

FILOTEO — Je dis que le soleil ne brille pas au soleil. Pas plus que la terre à la terre, ni qu'aucun corps pour lui-même, mais que tout corps lumineux illumine l'espace autour de lui. En effet, bien que la terre soit lumineuse en raison des rayons solaires qui frappent sa surface cristalline, sa lumière ne peut pourtant pas être perçue par nous, ni par quiconque sur cette surface, mais uniquement par ceux qui lui

1. Cette théorie est inspirée d'Anaxagore. Cf. Diogène Laërce, Vie, doctrine et sentances des philosophes illustres, II, 3, 88 12.
2. Nicolas de Cues avait lui aussi pensé que le soleil et les autres astres étaient habités comme la terre (cf. La docte ignorance, II, 12).

sont opposés. En outre, quoique la surface totale de la mer soit illuminée la nuit par la splendeur de la lune, pour ceux qui traversent la mer cependant, cet effet n'est apparent que dans une certaine région opposée à la lune. Mais si les marins pouvaient s'élever de plus en plus au-dessus des flots, l'étendue de la surface illuminée leur semblerait de plus en plus grande ; et plus ils s'élèveraient, plus l'espace illuminé qu'ils verraient serait grand. On peut donc aisément en déduire que les habitants des astres lumineux et même illuminés ne perçoivent pas la lumière qui leur est propre mais uniquement celle des astres avoisinants comme dans la même aire commune un endroit particulier sera illuminé par un autre endroit différent.

ELPINO — Ainsi, vous affirmez que les créatures solaires tirent leur lumière du jour non du soleil mais d'une autre étoile avoisinante ?

FILOTEO — C'est cela. Ne le comprenez-vous pas ?

ELPINO — Qui ne le comprendrait pas ? De plus, en considérant ce sujet, j'en viens d'une certaine façon à en comprendre d'autres qui en découlent. Il y a donc deux sortes de corps lumineux : les corps ignés qui donnent leur lumière primaire ; et les corps aqueux ou cristallins qui donnent une lumière réfléchie ou secondaire.

FILOTEO — C'est cela.

ELPINO — Ainsi la cause de notre lumière ne devrait faire référence qu'à ces deux sources ?

FILOTEO — Comment peut-il en être autrement, puisque nous ne connaissons pas d'autre source lumineuse ? Pourquoi devrions-nous nous fier à de vaines imaginations lorsque c'est l'expérience elle-même qui nous enseigne ?

ELPINO — Nous ne pouvons imaginer, il est vrai, que ces corps aient de la lumière simplement du fait d'un accident intermittent, tel que la putréfaction du bois, les écailles ou la viscosité des poissons, ou bien le dos frêle des campagnols et des vers luisants, quand il y va de la cause de la lumière dont nous parlerons en d'autres occasions.

FILOTEO — Comme il vous plaira.

ELPINO — Par conséquent, ceux qui décrivent les corps lumineux comme certaines quintessences[1], certaines substances corporelles et

---

1. La quintessence (quinte par delà les quatre éléments : l'eau, l'air, la terre et le feu) est pour Aristote l'éther, substance du ciel et des astres.

divines d'une nature contraire à celle des corps lumineux qui sont proches de nous, s'égarent, comme ne s'égarent pas moins ceux qui décriraient de la sorte une chandelle ou un cristal lumineux vu de loin.

ELPINO — Certes.

FRACASTORIO — Cela s'accorde en effet avec la perception, la raison et l'esprit qui sont les nôtres.

BURCHIO — Mais non les miens, qui qualifieraient volontiers votre démonstration de petit exercice de sophiste.

FILOTEO — Fracastorio, répondez-lui, car Elpino et moi, qui avons beaucoup parlé, préférons vous écouter.

FRACASTORIO — Mon cher Burchio, en ce qui me concerne tu joueras le rôle d'Aristote, et moi je serai un idiot et un campagnard qui avoue sa complète ignorance. On doit supposer que je n'ai rien compris aux propos de Filoteo, d'Aristote ni du reste du monde. Je me fie à l'opinion des foules, à la réputation et à la majesté de la suprême autorité aristotélicienne. Je vénère comme une innombrable multitude ce véritable démon de la nature[1] et c'est pour cette raison que je suis venu à toi pour que tu m'apprennes la vérité et me délivres des insidieuses convictions de celui que tu appelles sophiste. Pour l'heure, je te demanderai: pourquoi as-tu dit qu'il existe une différence très grande, ou grande, ou de l'importance que tu voudras, entre les corps célestes qui nous sont éloignés et ceux qui nous sont proches?

BURCHIO — Les premiers sont divins, les derniers composés de matière.

FRACASTORIO — Comment peux-tu me faire voir et croire que les premiers sont plus divins?

BURCHIO — Parce qu'ils sont impassibles, inaltérables, incorruptibles et éternels, tandis que ceux qui sont proches de nous possèdent les qualités contraires. Ceux-ci se meuvent d'un mouvement rectiligne, tandis que ceux-là le font d'un mouvement circulaire parfait.

FRACASTORIO — J'aimerais savoir si, après mûre réflexion, tu affirmerais sur l'honneur que ce corps unique (que tu considères comme

---

1. L'esprit et la sagesse d'Aristote étaient des plus admirés parmi la scolastique. *Cf.* Averroès, *La destruction des destructions*, I, 3.

trois ou quatre corps et non comme les membres d'un seul corps complexe) n'est pas mobile comme le sont les autres astres, en admettant que le mouvement de ces astres nous soit imperceptible de par leur éloignement. Et leur mouvement éventuel ne nous est pas perceptible, car, comme l'ont observé les Anciens et les Modernes qui ont véritablement contemplé la nature, et comme l'expérience nous le démontre de mille façons, nous ne pouvons appréhender le mouvement excepté par rapport à quelque corps fixe. Il s'ensuit donc que si nous supposons une personne sur un bateau en mouvement au milieu des flots, celui qui ne sait pas que l'eau est en mouvement et qui ne voit pas la terre ferme, ne sera pas conscient du mouvement du bateau. Pour cette raison, j'en viendrais à mettre en doute la quiétude et la fixité de notre terre. Et je suis en mesure de croire que si j'étais sur le soleil, la lune ou une autre étoile, je m'imaginerais toujours au centre d'un monde sans mouvement autour duquel semblerait tourner l'univers entier, bien qu'en vérité le corps contenant sur lequel je me trouve serait en train de tourner sur lui-même. Ainsi je ne puis en rien être certain de ce qui distingue un corps mobile d'un corps stable.

Quant à ce que tu dis à propos du mouvement rectiligne, nous ne pouvons certainement ni voir ce corps se mouvoir sur une ligne droite, ni en voir d'autres se mouvoir de la sorte. La terre, si elle se meut, doit avoir un mouvement circulaire à l'instar de celui des autres astres, comme le disent Hégésias[1], Platon et tous les sages, et comme Aristote et tous les autres devraient l'admettre. Et ce que nous voyons monter et descendre de la terre n'est pas le globe entier mais certaines de ses particules qui ne s'éloignent pas au-delà de la région qui compte parmi les parties de ce globe. Car, comme dans un animal, il existe en ce monde un influx et un efflux des particules, une certaine vicissitude, un certain changement et renouveau. Et si tout se passe de la même façon dans d'autres astres, il ne s'ensuit pas que ce processus nous soit perceptible. Car l'élévation des vapeurs et les exhalaisons, la succession des vents, des pluies, des neiges, du tonnerre, de la stérilité, de la fertilité, des inondations, de la naissance, de la mort — si ces choses adviennent dans d'autres astres — ne nous sont pas perceptibles. Seules les astres eux-mêmes nous sont perceptibles de par la splendeur continue qu'à partir d'une surface soit de feu, d'eau ou de nuages, ils diffusent dans le large espace. De même, notre astre est perceptible pour les habitants des autres planètes de

---

1. Hégésias, philosophe cyrénaïque. *Cf.* Valerius Maximus, *Factorum dictorumque memorabilium*, Liv. III, chap. 9 et Diogène Laërce, *Vie...*, II, 3, 86 et 93-96.

par la splendeur qu'il diffuse à partir de la surface des mers (et parfois aussi de par la révolution des corps nébuleux, comme les parties opaques de la lune semblent pour la même raison moins opaques). L'aspect de ces surfaces ne change qu'à de grands intervalles d'ères et de siècles, au cours desquels les mers se changent en continents, et les continents en mers[1]. Par conséquent, notre globe ainsi que les autres sont perceptibles en raison de la lumière qu'ils diffusent. La lumière que notre terre diffuse vers les autres astres n'est ni plus, ni moins perpétuelle et inaltérable que celle provenant d'autres planètes semblables. Et de même que le mouvement rectiligne et l'altération de leurs particules nous sont imperceptibles, de même tout autre mouvement et tout autre changement qui pourraient advenir à notre monde demeurent imperceptibles pour ces autres mondes[2]. Comme à partir de notre terre (elle-même une lune) les différentes parties de la lune semblent plus ou moins brillantes, ainsi à partir de la lune (elle-même une autre terre) on peut distinguer les différentes parties de cette terre par la variété et la différence des espaces de sa surface. En outre, de même que, si la lune était à une plus grande distance de nous, le diamètre des parties opaques disparaîtrait, tandis que les parties brillantes tendraient à s'unir pour nous et se rétréciraient à nos yeux, nous donnant l'impression d'un corps plus petit, uniformément lumineux, de même il en serait ainsi de l'apparence de notre terre vue de la lune, si la distance qui les séparait était plus grande. Voilà pourquoi nous pouvons supposer que, parmi les innombrables étoiles, il en est certaines qui sont des lunes, d'autres des globes terrestres, d'autres encore des mondes comme le nôtre, et qu'autour d'elles notre terre semble tourner ainsi qu'il nous semble qu'elles tournent et suivent leurs cours autour de cette terre. Pourquoi donc vouloir affirmer qu'il existe une différence entre votre terre et les corps célestes, si nous reconnaissons tout à fait qu'ils se ressemblent? Et pourquoi nier cette similitude si aucun argument, ni aucun de nos sens ne nous conduit à en douter?

BURCHIO — Ainsi vous considérez avoir prouvé que ces corps ne diffèrent pas de notre terre?

FRACASTORIO — Tout à fait. Car ce qui peut être vu par eux de notre monde peut être vu de leur monde par nous, et ce qui peut être vu d'ici de leur monde peut être vu par eux du nôtre. Autrement dit, cette terre semble un petit corps ainsi que ces autres corps, chacun

1. *Cf.* Fracastoro, *Homocentrica*, I, 12.
2. *Cf.* Nicolas de Cues, *La docte ignorance*, II, 12.

paraissant lumineux de par ses parties à une petite distance, chacun paraissant uniformément lumineux et plus petit à une plus grande distance.

BURCHIO — Où se trouve dès lors ce bel ordre, cette aimable échelle de la nature qui va du corps le plus dense et le plus grossier qui est notre terre, jusqu'à cette sphère moins dense qui est l'eau, à cette sphère subtile qui est la vapeur, à cette sphère encore plus subtile qui est l'air pur jusque sur la plus subtile des sphères qui est le feu et finalement jusqu'au divin qui est le corps céleste? Du sombre au moins sombre, au plus brillant et finalement au très brillant? De l'obscurité au plus brillant, de l'altérable et du corruptible à la libération de tout changement et de toute corruption? Du plus pesant à la pesanteur, puis à la lumière, jusqu'à la plus lumineuse des lumières et finalement jusqu'à ce qui est sans pesanteur et sans lumière? De ce qui se meut vers le centre à ce qui se meut à partir du centre, et vers ce qui se meut autour du centre?

FRACASTORIO — Vous aimeriez savoir où est cet ordre? Au royaume des rêves, des imaginations, des chimères et des désillusions. En effet, pour ce qui est du mouvement, tout ce qui est doué d'un mouvement naturel tourne circulairement soit sur soi-même, soit autour d'un autre centre. Je parle de révolution, ne considérant pas seulement le cercle géométrique et le mouvement circulaire, mais également la loi qui s'avère gouverner les changements physiques de lieu pour les corps naturels. Le mouvement rectiligne n'est ni inné, ni naturel à quelque corps premier que ce soit, car on ne le voit jamais excepté dans les parties qui sont des espèces d'excréments s'échappant des corps mondains, soit entrant du dehors dans des sphères de même nature et des corps contenants. Ainsi, nous voyons des eaux qui, devenues subtiles par la chaleur, s'élèvent sous forme de vapeur, puis se condensent par le froid et retrouvent en tombant leur état d'origine. Nous parlerons de ce processus en temps utile, lorsque nous traiterons du mouvement. Pour ce qui est de la disposition des quatre corps qu'on appelle terre, eau, air et feu, je voudrais bien savoir quelle nature, quel art et quelle perception la constitue, la vérifie et la démontre.

BURCHIO — Ainsi vous niez la fameuse distinction entre les éléments?

FRACASTORIO — Je ne nie pas cette distinction, car je laisse chacun libre de distinguer comme il lui plaira entre les choses de la nature.

Mais je nie l'ordre, la disposition qui veut que la terre soit entourée et comprise par de l'eau, cette eau par l'air, cet air par le feu, et ce feu par le ciel. En effet, je dis qu'il n'est qu'un seul corps contenant qui comprend tous les corps et ces grandes machines qui nous semblent disséminées et éparpillées dans ce vaste champ, où chacun de ces corps, astres, mondes et lumières éternelles est composé de ce qu'on appelle terre, eau, air et feu. Ceux dans la substance desquels prédomine le feu seront appelés soleils, lumineux en eux-mêmes. Si l'eau y prédomine, on parlera alors de lune ou de corps qui brille d'une lumière indirecte, comme on l'a dit. Donc, dans ces astres ou mondes comme nous les appelerons, on devra comprendre ces parties dissemblables comme étant disposées suivant leur complexion variée et différente de pierres, étangs, rivières, sources, mers, sables, métaux, cavernes, montagnes, plaines et autres espaces de corps, de sites et de figures composées. Ainsi, parmi les animaux, les parties sont dites hétérogènes suivant la complexion variée et différente des os, des intestins, des veines, des artères, de la chair, des nerfs, des poumons, des membres d'une forme ou d'une autre présentant ses monts, ses vallées, ses refuges, ses eaux, ses esprits, ses feux, associés aux accidents correspondant à toutes les impressions météorologiques, telles que les catarrhes, les érysipèles, les calculs, les vertiges, les fièvres et les innombrables autres dispositions et qualités correspondant aux brouillards, pluies, neiges, canicules, éclairs, aux foudres, tonnerres, tremblements de terre et vents, aux tempêtes torrides ou chargées d'algues.

Donc, si la terre et ces autres mondes sont des animaux qui diffèrent de ce que considère le commun, ces animaux disposeront d'un plus grand et d'un plus excellent esprit que celui dont disposent, selon le commun, ces animaux.

Comment, dès lors, Aristote ou tout autre peut-il prouver que l'air se trouve plutôt autour que dans notre terre, s'il n'est aucune partie de la terre dans laquelle cet air ne soit et ne pénètre de la façon qu'évoquaient peut-être les Anciens, lorsqu'ils disaient que le vide embrasse tout du dehors et qu'il pénètre de plus tout le plein ? Comment dès lors pouvez-vous imaginer que la terre ait une épaisseur, une densité et une consistance sans que l'eau relie et unisse ses parties ? Comment pouvez-vous estimer que la terre soit plus pesante vers son centre si ce n'est en croyant que les parties y sont plus proches et plus denses, une telle densité étant impossible sans l'eau qui seule peut agglutiner une à une les parties[1] ?

1. *Cf.* Aristote, *Météorologiques*, IV, 6.

Qui ne voit pas que sur toute la terre émergent des îles et des montagnes au-dessus de l'eau, et pas seulement au-dessus de l'eau mais aussi au-dessus de l'air vaporeux et tempétueux qui est renfermé entre les hautes montagnes et qui compte parmi les parties de la terre qui en font sa parfaite sphéricité? Aussi est-il évident que les flots existent au sein des viscères de la terre de même qu'en nous sont le sang et les humeurs[1]. Qui ignore que dans les profondes cavernes et concavités de la terre se trouvent les principales congrégations de l'eau? Et si tu dis que la terre est détrempée sur ses bords, je répondrai que ces derniers ne sont pas les parties les plus hautes de la terre, car tout ce qui fait partie de ses montagnes les plus élevées est considéré comme faisant également partie de sa concavité. D'autre part, on peut observer la même chose sur des gouttes couvertes de poussière mais demeurant intactes sur une surface. En effet, l'âme intime, qui embrasse toute chose et se trouve en toute chose, procède d'abord à cette opération: dans la mesure du possible et suivant la capacité de chaque sujet, elle y unit les parties[2]. Non que l'eau soit ou puisse être de cette nature au-dessus ou autour de la terre, ni que l'humidité de notre humaine substance soit au-dessus ou autour de notre corps.

J'ajoute que, de tous les bords des grandes étendues d'eau, on observe que la surface de l'eau est plus élevée au centre. Et si les parties de la terre sèche peuvent ainsi s'unir, elles feraient sans aucun doute la même chose, comme elles assument clairement la forme des globes sphériques lorsque, grâce à l'eau, elles sont unies, car l'union et la densité des parties dans l'air sont dues à l'humidité. Les flots existent donc au sein des viscères de la terre, et chaque partie de cette terre qui est cohérente et dense contient plus d'humidité que cette matière sèche (car là où il y a le plus de densité, il y a le plus de mélange et de domination par l'eau qui a pour vertu d'homogénéiser les parties). Qui donc ne déclarera pas que l'eau est la base de la terre plutôt que la terre celle de l'eau? Que la terre est fondée sur l'eau plutôt que l'eau sur la terre?

J'ajoute également que la profondeur de l'eau au-dessus de la surface de notre terre, notamment la mer, ne peut pas être et n'est pas d'un volume si grand qu'elle ne puisse être comparée au volume de toute la sphère. Elle n'est pas en fait autour, comme le croient les insensés, mais au sein de la terre, comme en effet l'a confessé

1. *Cf.* Fracastoro, *De sympathia et antipathia*, Venise, 1546, chap. 10, qui traite de la combinaison humide et sec.
2. *Ibid.*

Aristote, contraint par la vérité ou par la croyance ordinaire des anciens philosophes, dans le premier de ses *Météorologiques*. Il a admis en effet que les régions les plus basses de l'air turbulent et inquiet sont comprises par de hautes montagnes, et font partie de la terre[1]. Et le tout est entouré et contenu par l'air qui est toujours tranquille, serein et clair vu des astres, de sorte que dans les astres, en baissant les yeux vers la terre, on perçoit tous les vents, nuages, brumes, tempêtes, flux et reflux, qui procèdent de la vie et du souffle de ce grand animal, de cette divinité que nous appelons Terre, qu'on a nommée Cérès, Isis, Proserpine et Diane, et qu'on appelle aussi dans le ciel Lucine. Tout cela doit être considéré comme une seule et même chose que la Terre. Vois combien s'égare notre bon Homère, quand il ne dort pas[2], lorsqu'il dit que le site naturel de l'eau est au-dessus ou autour de la terre où il n'y a ni vents, ni pluies, ni impressions de brumes. Quant à Aristote, s'il avait un peu plus réfléchi, il aurait saisi que même au centre de notre terre (si c'est en effet le centre de gravité) il s'agit plus d'eau que de terre [sèche]. En effet, les parties de terre ne sont pesantes que lorsqu'elles sont mélangées à l'eau. Sans eau, leur impulsion et leur pesanteur ne leur permettent pas de descendre des airs jusqu'à la sphère à laquelle elles appartiennent. Quel sens discipliné, quelle vérité de la nature distingue et ordonne ces parties, comme l'imaginent les foules aveugles et sordides, et le reconnaissent ceux qui parlent sans réflexion et ceux qui parlent beaucoup et pensent peu? En outre, qui niera la vérité de l'opinion platonicienne exprimée dans le *Timée* et qu'on trouve chez Pythagore et bien d'autres (si celle-ci était avancée par un homme dénué d'autorité, on en rirait; si elle l'était par une personne de quelque renom et de quelque habileté, on la considérerait comme un mystère ou comme une parabole; si elle l'était enfin par un homme dont la sensibilité et l'intellect l'emportent sur l'autorité, on la compterait parmi les paradoxes occultes)? En effet, cette opinion veut que nous habitions la concavité obscure de la terre, que notre nature soit pour les êtres vivants qui se trouvent au-dessus de la terre comme, pour nous, celle des poissons[3]. Elle veut donc que comme les poissons vivent dans un élément humide plus dense et plus grossier que le nôtre, ainsi nous vivons dans un air plus brumeux qu'eux qui vivent dans une région plus pure et plus tranquille. Et comme l'Océan n'est

---

1. *Cf.* Aristote, *Météorologiques*, I, 3, 339 b 13-16 et Bruno, *La cène des cendres*, dial. III.
2. *Cf.* Horace, *Art poétique*, 359.
3. Dans *La cène des cendres*, dial. III, Bruno attribue cette pensée à Platon; l'éd. S suggère une réminiscence du *Phédon* (109 c).

que de l'eau comparé à l'air impur, ainsi notre air sombre n'est rien d'autre comparé à l'air vraiment pur. J'en conclurai ce qui suit : la mer, les sources, les rivières, les montagnes, et l'air que celles-ci contiennent et retiennent aussi loin que leur région médiane, comme l'on dit, ne sont rien d'autre que les membres et les parties dissemblables d'un seul et même corps, d'une seule et même masse, comparables et proportionnelles aux parties que nous connaissons bien tous dans la composition des corps vivants. Les limites, la convexité et les surfaces ultimes de ce corps [qui est notre terre] sont terminées par les marges extrêmes des montagnes, et par l'air tempétueux, de sorte que l'Océan et les fleuves demeurent dans les profondeurs de la terre comme le foie, source du sang, dit-on, et les veines sont contenus et dilatés par les différentes parties [de ce corps animal].

BURCHIO — Ainsi, la terre n'est pas le corps le plus pesant ni donc situé au centre ? Pas plus qu'il n'est ce qui suit en pesanteur et en position l'eau qui l'entoure, laquelle eau est plus pesante que l'air ?

FRACASTORIO — Si tu juges la pesanteur en fonction d'une plus grande aptitude à pénétrer les parties et à atteindre le milieu, et ce à partir du centre, je dirai que l'air est à la fois le plus lourd et le plus léger des éléments. Car, comme chaque partie de la terre, étant donné l'espace, descend jusqu'au centre, ainsi les parties de l'air accourent au centre plus rapidement que les parties de n'importe quel autre corps. En effet, il appartient à l'air d'être le premier à occuper l'espace, à empêcher et à remplir un vide. Les parties de la terre ne changent pas de lieu avec une telle soudaineté, car elles ne se meuvent pas ordinairement à moins qu'elles ne soient pénétrées par l'air, étant donné que, pour qu'il y ait pénétration par l'air, il n'est nul besoin de terre, d'eau, ni de feu. Aucun de ces éléments ne devance, ni ne vainc l'air, ni ne le dépasse en disposition ou vitesse afin de remplir tous les coins du corps contenant. En outre, si la terre, qui est un corps solide, est évacuée, c'est l'air qui remplira l'espace qu'elle laissera libre. Mais la terre n'est pas si apte qu'elle puisse occuper l'espace laissé vacant par l'air. Il s'ensuit donc que, puisque l'air a pour propriété d'accourir pour pénétrer tous les sites et tous les recoins, il n'est pas de corps plus léger que l'air, ni non plus de corps plus pesant que lui.

BURCHIO — Que diras-tu alors au sujet de l'eau ?

FRACASTORIO — J'ai dit et je répète que l'eau est plus pesante que la terre. Car nous observons que l'humidité est plus puissamment dis-

posée à descendre et à pénétrer au centre même de la terre [sèche]
que cette terre [sèche] l'est à pénétrer l'eau. En outre, la terre
[sèche], si elle n'est pas entièrement mélangée à l'eau, flotte à la
surface de l'eau sans aucune aptitude à la pénétrer. Elle ne descend
pas à moins d'être imprégnée d'eau et de se condenser par là même
en une masse épaisse. Et ce n'est qu'à force d'épaisseur et de densité
qu'elle peut pénétrer dans et sous l'eau. L'eau, en revanche, ne
descend jamais grâce à la terre, parce que d'elle-même elle agrège,
condense et multiplie le nombre de ses parties, de telle sorte qu'elle
peut être aspirée et qu'elle peut ainsi unir la terre [sèche]. En effet,
nous observons qu'un vase rempli de cendres réellement sèches
retient plus d'eau que ne le fait un vase vide ayant la même taille. Les
parties sèches, en tant que telles, flottent donc à la surface de l'eau.

BURCHIO — Expliquez-vous mieux.

FRACASTORIO — Je répète. Si toute l'eau devait être ôtée de la terre
au point de la laisser complètement sèche, il en résulterait un corps
sans résistance, fin, friable, et facilement dispersé dans l'air ainsi que
d'innombrables corps discrets. En effet, si l'air se change en un
continuum, c'est l'eau qui change un autre corps en un continuum
d'une manière cohérente, et la substance de ce corps continu peut
être ce qu'on voudra, mais elle sera cohérente et solide, parfois d'une
matière, parfois d'une autre, parfois encore un mélange. Comme,
dès lors, le poids ne résulte que de la cohérence et de la densité des
parties, comme les parties de terre ne sont pas cohérentes entre elles
excepté par le biais de l'eau, dont les parties — à l'instar de celles de
l'air — sont entre elles spontanément cohérentes, et comme l'eau
détient plus que tout autre élément, sinon d'une manière unique, la
vertu de doter les parties des autres corps de cohérence, il s'ensuit
donc que l'eau est pesante de façon prééminente, comparée à d'autres corps dont le poids en dérive. Partant, ceux qui affirment que la
terre est établie sur les eaux ne devraient en rien être considérés
comme des fous, mais plutôt comme les plus sages d'entre les
sages.

BURCHIO — Nous, nous soutenons que la terre devrait toujours être
considérée comme centrale, comme l'ont conclu tant de doctes personnages.

FRACASTORIO — Et comme l'ont confirmé les fous.

BURCHIO — Qu'entendez-vous par « fous » ?

FRACASTORIO — Je dis que cet opinion n'a été confirmée ni par les sens, ni par la raison.

BURCHIO — Ne voyons-nous pas le flux et le reflux de mers, et le cours des rivières sur la surface de la terre ?

FRACASTORIO — Mais les sources qui sont à l'origine des rivières, et qui forment des lacs et des mers, ne les voyons-nous pas émerger des entrailles de la terre et cependant ne pas aller au-delà de ces entrailles — si vous avez bien compris ce que j'ai dit plusieurs fois tout à l'heure ?

BURCHIO — Nous voyons que les eaux descendent d'abord des airs, et que les sources sont formées à partir de ces eaux.

FRACASTORIO — Nous savons que l'eau — s'il est vrai qu'elle descende d'une autre atmosphère que celle qui appartient aux membres de la terre — est pourtant primitivement, originellement, principalement et totalement dans la terre, et seulement plus tard, indirectement, secondairement et partiellement dans l'air.

BURCHIO — Je sais que tu soutiens par ce principe que pour estimer la surface convexe ultime de la terre on devrait se fonder sur le niveau de l'atmosphère des plus hautes montagnes, et non sur la surface de l'Océan.

FRACASTORIO — C'est ainsi en effet qu'Aristote, auquel vous obéissez, a affirmé et confirmé votre principe.

BURCHIO — Notre prince[1] est incomparablement plus fameux, plus utile et plus reconnu que le vôtre, qui reste à découvrir. Partant, réjouissez-vous tant qu'il vous plaira de suivre le vôtre. Tandis que, moi, je me satisferai du mien.

FRACASTORIO — Même s'il vous laisse mourir de faim et de froid, vous nourrit de vent et vous abandonne à la plus complète des nudités ?

FILOTEO — Je vous en prie, ne vous arrêtez pas à de tels propos, inutiles et vains.

FRACASTORIO — Soit. Que dites-vous donc, ô Burchio, de tout ce que vous avez entendu ?

---

1. Jeu de mots italien, possible au XVIe siècle, sur *principe* (principe) et *prencipe* (prince).

BURCHIO — Je dis que chacun, quel qu'il soit, doit finalement voir ce qui est au milieu de cette masse, de ton astre, ton animal. Car s'il s'agit bien de terre pure, alors le mode selon lequel ces philosophes ont rangé les éléments n'est pas vain.

FRACASTORIO — J'ai affirmé et démontré que le milieu est probablement beaucoup plus de l'air ou de l'eau que de la terre [sèche] — car une telle terre [sèche] ne peut atteindre ce milieu sans qu'il y soit ajouté de fortes proportions d'eau qui se changent finalement en leur fondement. En effet, nous voyons que les particules d'eau pénètrent la terre avec bien plus de vigueur que les parties de terre ne pénètrent l'eau. Il est donc plus probable et plus inévitable qu'il y a de l'eau dans les entrailles de la terre qu'il n'y aura de la terre dans les profondeurs de l'eau.

BURCHIO — Que dis-tu de ces eaux qui flottent et se promènent sur la terre?

FRACASTORIO — Nul ne peut manquer d'observer que cela résulte de cette eau elle-même qui, après s'être épaissie, après avoir rendu la terre cohérente et pressé ensemble ses parties, empêche par là l'absorption ultérieure des eaux, qui pénètreraient autrement dans la profondeur de la substance aride, comme en témoigne l'universelle expérience. L'eau doit donc être au centre de la terre pour lui donner la fermeté qui ne doit pas dépendre de la terre primordiale, mais de l'eau. Car l'eau unit et joint les parties de la terre. Il s'ensuit par conséquent que l'eau est la cause de la densité de la terre plutôt que le contraire, à savoir que la terre donnerait cohérence et densité aux parties de l'eau. Mais si tu ne veux pas accepter que la partie centrale de la terre soit un mélange de terre et d'eau, dès lors il est plus que probable et séant pour la raison et l'expérience qu'il y aura de l'eau plutôt que de la terre. Et s'il s'agit d'un corps dense, il est plus raisonnable de conclure que l'eau plutôt que la terre sèche y prédominera. En effet, l'eau dote les parties de terre de cohérence, sinon la terre se dissolverait à cause de la chaleur (non que j'en postule ainsi pour la densité du feu primordial, qui peut être dissous par son contraire). Car plus le dense et le pesant sont de matière terreuse, plus cette matière est mélangée à l'eau. Par conséquent, parmi les choses les plus denses que nous connaissons, je ne crois pas seulement qu'elles correspondent à celles qui sont mélangées à l'eau, mais qu'elles correspondent à la substance même de l'eau, comme on le voit lorsque les plus pesants des corps, notamment les métaux mous, sont en fusion. En effet, dans tous les corps solides, dont les parties

sont cohérentes entre elles, nous devons présumer que se trouve
l'eau qui unit et rassemble les parties, à commencer par les plus
petites de la nature. Ainsi, la terre, tout à fait délivrée de l'eau, n'est
rien d'autre que des atomes épars qui se promènent.

Les parties d'eau sont en effet plus cohérentes si elles ne sont pas
mélangées à la terre, étant donné que les parties de terre ne sont pas
cohérentes sans l'aide de l'eau. Si, dès lors, la position centrale est
réservée à ce qui la cherche avec l'impulsion la plus forte et la plus
rapide, elle appartiendra d'abord à l'air qui remplit tout, puis à l'eau,
et seulement en troisième lieu à la terre. Si elle se destine à ce qui est
le plus pesant, le plus dense et le plus épais, dès lors elle appartiendra
d'abord à l'eau, deuxièmement à l'air et troisièmement à la terre
[sèche]. Si nous considérons que la terre [sèche] est mélangée à l'eau,
la position centrale appartiendra d'abord à la terre, deuxièmement à
l'eau et troisièmement à l'air. Ainsi, en fonction des différents arguments, on pourra différemment assigner la position centrale. Suivant
la vérité et la nature, aucun élément ne peut être trouvé sans un
autre, et il n'est pas de membre de ce grand animal dans la terre
duquel il n'y ait pas sinon les quatre, du moins les trois éléments.

BURCHIO — Venez-en vite à la conclusion.

FRACASTORIO — Je conclurai ainsi. Le fameux et vulgaire ordre des
éléments ainsi que les corps célestes ne sont que rêve et imagination
des plus vains, puisque l'on ne saurait ni les vérifier par l'observation
de la nature, ni prouver leur existence par la raison : et il n'est pas plus
adéquat ou possible de concevoir qu'ils existent de cette façon. Mais
nous savons qu'il existe un champ infini, un espace contenant qui
embrasse et pénètre le tout. En lui se trouve une infinité de corps
semblables au nôtre. Aucun d'eux n'est au centre de l'univers, car
l'univers est infini et par conséquent sans centre ni limite, bien que
ces derniers appartiennent à chacun de ces mondes, qui sont au sein
de l'univers de la façon que j'ai déjà expliquée en d'autres occasions,
en particulier lorsque nous avons démontré qu'il existe certains
centres définis déterminés, à savoir les soleils, des corps de feux
autour desquels tournent toutes les planètes, les terres et les eaux,
comme nous voyons nos sept planètes décrire leur trajectoire autour
du soleil. De même, nous avons montré que chacun de ces astres ou
mondes tournant sur son propre centre semble un monde solide et
continu qui s'empare, en raison de sa force, de toute chose visible,
susceptible de devenir un astre et fait tourner ces choses autour de
lui-même comme s'il s'agissait du centre de son univers. Ainsi, il

n'existe pas seulement un monde, une terre, un soleil, mais autant de mondes que nous pouvons voir de lumières briller autour de nous, qui ne sont pas plus dans un seul ciel, un seul espace, un seul contenant sphérique que notre terre ne se trouve dans un seul univers contenant, un seul espace ou un seul ciel. De sorte que le ciel, à savoir cet air qui s'étend infiniment, bien que partie de l'univers infini, n'est pas un monde ou une partie de monde. Mais c'est le sein, le refuge, et le champ où tous ces mondes se meuvent et vivent, où ils croissent et rendent effectives les différentes actions de leurs vicissitudes. C'est là où ils produisent, nourrissent et préservent leurs habitants et leurs animaux. Et, de par certains ordres et dispositions, ils permettent d'atteindre les plus hauts degrés de la nature, changeant la face d'un seul être en d'innombrables sujets. Ainsi chacun de ces mondes est un centre vers lequel converge chacune de ses parties, vers lequel toute chose de même nature tend comme les parties de notre astre, malgré leur éloignement, sont pourtant rapportées à leur contenant de tous les côtés de la région avoisinante. Puisqu'aucune partie flottant ainsi à l'extérieur à partir du grand corps ne parvient finalement à y retourner, il advient que tout monde semblable est éternel bien que dissoluble, quoique, si je ne me trompe, l'inévitabilité d'une telle éternité dépende d'un être prévoyant et extérieurement conservateur et non d'une puissance intrinsèque, ni d'un élément qui se suffit à lui-même. Mais je vous expliquerai cela avec davantage d'arguments spécifiques une autre fois.

BURCHIO — Ainsi donc, les autres mondes sont habités comme l'est le nôtre ?

FRACASTORIO — Sinon comme l'est le nôtre et sinon plus noblement, du moins ces mondes n'en sont-ils pas moins habités, ni moins nobles. Car il est impossible qu'un être rationnel suffisamment vigilant puisse imaginer que ces mondes innombrables, aussi manifestes qu'est le nôtre ou encore plus magnifiques, soient dépourvus d'habitants semblables et même supérieurs. En effet, soit tous sont eux-mêmes des soleils, soit le soleil ne leur diffuse pas moins qu'à nous ces rayons les plus divins et fertilisants, qui nous convainquent de la joie qui règne à leur source et origine, et sont source de fortune à ceux qui se trouvent alentour et qui participent ainsi à cette qualité répandue. Les innombrables et principaux membres de l'univers sont donc infinis en nombre, et tous ont mêmes figure, contenance, prérogative, vertu et effet.

BURCHIO — Vous n'admettez aucune différence entre eux ?

FRACASTORIO — Au contraire. Vous avez entendu dire plus d'une fois que certains d'entre eux, dans la composition desquels le feu prédomine, sont de par leur qualité brillants et chauds. D'autres brillent de par la réflexion, étant eux-mêmes froids et sombres, car c'est l'eau qui prédomine dans leur composition. De cette diversité et de cette opposition dépendent ordre, symétrie, complexion, paix, concorde, composition et vie. De sorte que les mondes sont composés de contraires dont certains, tels que la terre et l'eau, vivent et croissent à l'aide de leurs contraires[1], tels que les soleils et les feux. Voilà, je pense, ce que voulait dire le sage qui déclarait que Dieu a créé l'harmonie à partir des contraires sublimes, et cet autre qui pensait que l'univers entier devait son existence à la lutte de la concorde et de la discorde, à celle de l'amour et de la haine[2].

BURCHIO — Avec vos propos, vous voulez mettre le monde sens dessus dessous.

FRACASTORIO — M'accuseras-tu de vouloir mettre sens dessus dessous ce qui l'était déjà ?

BURCHIO — Rendriez-vous, dès lors, vains tous les efforts, tous les travaux et toutes les études sur les cieux et les mondes[3], à partir desquels tant de grands commentateurs, paraphraseurs, glosateurs, compilateurs, épitomiseurs, scolastiques, traducteurs, interrogateurs et logiciens se sont creusé la tête ? Sur lesquels des doctes profonds, subtils, auréolés, exaltés, inexpugnables, irréfragables, angéliques, séraphiques, chérubiques et divins ont établi leurs fondements[4] ?

FRACASTORIO — Ajoutez-y les casseurs de pierres, les pourfendeurs de rochers et grands-donneurs-de-coups-de-pied[5]. Ajoutez-y aussi les profonds prophètes, — cornés omniscients[6], olympiens, firmamenticiens, empyréens et altitonnants.

---

1. *Cf.* La fin de l'ouvrage inachevé de Fracastoro *Fracastorius sive de anima.*
2. *Cf.* Aristote *Éthique à Nicomaque*, VIII, 2, 1155 b 5-6, à propos d'Héraclite.
3. Allusion à la *Physique* d'Aristote et à son traité *Du ciel.*
4. Bruno se moque ici de tous les philosophes qui doivent leur renommée à leur commentaire d'Aristote. Hégide de Colonne fut en effet renommé *doctor fundatissimus*; Duns Scot *subtilis*; Albert *magnus*; Alexandre de Halès *irrefragabilis*; saint Thomas *angelicus*; saint Bonaventure *seraphicus*. Reste que Bruno tint saint Thomas en haute estime.
5. Autrement dit *les ânes.*
6. Textuellement *palladiens*, maître ès subtilités de Pallas.

BURCHIO — Nous devrions, selon vous, les jeter tous à l'égoût? Le monde serait en effet bien gouverné si les spéculations de si nombreux et si dignes philosophes devaient être écartées et méprisées.

FRACASTORIO — Il ne serait pas juste de priver ces ânes de fourrage, et de souhaiter qu'ils adoptent notre façon de voir. L'esprit et l'intellect ne varient pas moins que le tempérament et l'estomac.

BURCHIO — Vous voulez que Platon soit un ignorant, Aristote un âne et leurs sectateurs des insensés, des sots et des fanatiques?

FRACASTORIO — Mon fils, je ne dis pas qu'il s'agit là de bourriques et d'ânons, ici de singes et là de grands babouins, comme tu aurais voulu que je le fasse. Comme je te l'ai dit d'abord, je les considère comme des héros sur notre terre. Mais je ne veux pas les croire sans raison, ni accepter des propositions dont les antithèses (comme tu l'auras compris, à moins d'être à la fois sourd et aveugle) sont si manifestement vraies.

BURCHIO — Dès lors, qui en sera juge?

FRACASTORIO — Tout esprit équilibré et tout jugement alerte. Toute personne discrète qui ne s'obstine pas lorsqu'elle s'avoue convaincue et incapable de défendre ses arguments ou de résister aux nôtres.

BURCHIO — Lorsque je ne saurai plus me défendre, c'est mon argumentation qu'il faudra accuser et non ma doctriné. Et si vous êtes capable de démontrer la vôtre tout en attaquant la mienne, j'y verrai non la preuve de la vérité de votre doctrine mais celle de vos sophismes importuns.

FRACASTORIO — Si j'ignorais volontairement mes principes, je m'abstiendrais de juger. Si je me sentais comme vous tant au fait, je m'estimerais instruit par la foi et non par la connaissance.

BURCHIO — Si tu disposais de meilleurs dons, tu reconnaîtrais que tu n'es qu'un âne présomptueux, un sophiste, un perturbateur des belles lettres, un bourreau de l'esprit, un amateur de nouveautés, un ennemi de la vérité, suspect d'hérésie.

FILOTEO — Si jusqu'ici notre ami a fait preuve de bien peu de doctrine, il montre maintenant qu'il est doué de peu de discrétion et qu'il est sans éducation.

ELPINO — De sa voix grave, il ne saurait disputer plus gaillardemment s'il était franciscain[1]. Mon cher Burchio, c'est avec chaleur que je loue la constance de ta foi. Depuis le début, tu as affirmé que tu ne croirais pas ce qui est, en dépit de la vérité.

BURCHIO — En effet. Je préfère rester ignorant parmi les illustres savants qu'accéder à quelque connaissance en compagnie de sophistes, puisque c'est ce que je vois en vous.

FRACASTORIO — Tu n'es pas assez fin pour différencier un savant d'un sophiste, si nous devons en croire ce que tu as dit. Les ignorants ne sont ni illustres, ni savants. Et ceux qui savent ne sont point sophistes.

BURCHIO — Je sais bien que tu comprends ce que je veux dire.

ELPINO — Nous aurions bien du mal à comprendre vos propos. Car vous comprenez vous-même difficilement les vôtres.

BURCHIO — Mais voyons, bien sûr, vous êtes plus savants qu'Aristote. Et allez donc, vous êtes plus divins que Platon. Plus profonds qu'Averroès, plus judicieux que tant de philosophes et de théologiens de tous les temps et de toutes les nations qui les ont commentés, admirés et portés aux nues. Allez, disparaissez, je vous ignore, ni ne veux savoir d'où vous venez. Et vous prétendez vous opposer au torrent de si nombreux et grands docteurs?

FRACASTORIO — S'il s'agit d'un argument, voilà bien le meilleur de tous ceux que tu as avancés.

BURCHIO — Si tu étais plus savant qu'Aristote, tu ne serais point une bête, un misérable, un mendiant nourri de millet, crevant la faim, né d'un tailleur et d'une lavandière, neveu de Cecco le cordonnier, fils de Momo, postillon des putains, frère de Lazare, le cordonnier des ânes[2]. Allez à tous les diables, vous ne valez pas mieux que lui!

ELPINO — De grâce, magnifique seigneur, ne vous fatiguez plus à nous rejoindre, mais attendez que nous allions vous trouver.

FRACASTORIO — Démontrer la vérité avec de plus amples arguments à de tels hommes, c'est comme laver sans arrêt de toutes sortes de savons et soudes la tête d'un âne, qui n'est pas plus lavé la

---

1. Franciscain, donc disciple de Duns Scot, célèbre pour ses subtilités (*Cf. supra:* *doctor subtilis*).
2. Pour comprendre cette allusion, *Cf.* Montaigne, *Essais*, III, 9 sur le philosophe Bion et ses origines.

première que la centième fois, d'une première façon que de la millième, puisque lavé ou non, c'est tout un.

FILOTEO — De plus, pareille tête sera toujours plus sale après un lavage qu'avant, car à force d'eau et de parfums, les vapeurs dans cette tête deviennent finalement de plus en plus agitées, et cette puanteur nuisible finit par se remarquer, car elle sera d'autant plus répugnante qu'elle contrastera avec ces liqueurs aromatiques.

Aujourd'hui, nous avons beaucoup parlé. Je me réjouis grandement de l'intelligence de Fracastorio et de ton jugement mûr, ô Elpino. Maintenant que nous avons discouru sur l'existence, le nombre et la qualité des mondes infinis, il sied que nous voyions demain quels sont les arguments contraires.

ELPINO — Soit.

FRACASTORIO — Adieu.

QUATRIÈME DIALOGUE

FILOTEO — L'infinité des mondes n'est pas dès lors comme cette complexité qu'on a imaginée à propos de la terre, c'est-à-dire entourée de nombreuses sphères, certaines contenant un astre, d'autres d'innombrables astres. Car l'espace est tel que ces innombrables astres peuvent s'y mouvoir. En outre, chacun de ses astres peut, de lui-même et de un par principe intrinsèque, se déplacer au point de communiquer avec les éléments adéquats. Chacun d'entre eux est si grand que leur pouvoir de compréhension est tel qu'on peut les considérer en eux-mêmes comme un monde. Chez aucun d'eux ne font défaut le principe et le pouvoir efficients de préserver et de perpétuer la génération et la vie à d'innombrables et d'excellents individus. Dès que nous avons reconnu que le mouvement mondain apparent est dû au mouvement diurne réel de notre terre (qui affecte semblablement les autres astres qui lui sont semblables), aucun argument ne nous forcera à accepter l'opinion vulgaire que les étoiles sont équidistantes de nous, qu'elles sont comme clouées et fixées sur la huitième sphère ; ni aucune persuasion ne nous empêchera de savoir qu'il existe, pour ce qui est des distances qui nous séparent de ces innombrables étoiles, des différences innombrables. Nous comprendrons que les orbes et les sphères de l'univers ne sont pas disposés l'un au-delà de l'autre, chaque petite unité se trouvant contenue dans une autre plus grande — comme, par exemple, les pelures d'un oignon —, mais à travers le champ éthéré, la chaleur et le froid, diffusés à partir des corps là où ils prédominent, se mêlent et s'équilibrent progressivement pour atteindre un degré variable, jusqu'à devenir la source proche des innombrables formes et espèces de l'être.

ELPINO — De grâce, venez-en vite à réfuter les arguments contraires et particulièrement ceux d'Aristote, les plus fameux de tous, qui sont considérés par la foule idiote comme de parfaites démonstrations. Comme on peut avoir oublié ce néant de pensée, je vais énumérer tous les arguments et sentences de ce pauvre sophiste et tu les examineras l'un après l'autre.

FILOTEO — Soit.

ELPINO — Il faut découvrir (dit-il, dans le premier livre de son *Ciel et monde*[1]) s'il existe un autre monde au-delà de ce monde.

FILOTEO— Sur ce sujet, tu sais que son interprétation du mot *monde* diffère de la nôtre. En effet, nous associons monde à monde et astre à astre dans ce vaste giron éthéré, comme l'ont compris, semble-t-il, tous les sages qui ont cru à l'existence de mondes innombrables et infinis. Mais Aristote applique le mot *monde* à un agrégat de tous les éléments situés et de toutes les sphères imaginaires, qui entraînent le tout en tournant avec lui à d'immenses vitesses autour du centre près duquel nous nous trouvons. Ce serait donc un divertissement vain et infantile de devoir considérer une telle imagination, argument par argument. Mais il conviendra de rejeter ses arguments dans la mesure où ils s'opposeront aux nôtres, et d'ignorer ceux qui coïncident avec eux.

FRACASTORIO — Que dirons-nous, dès lors, de ceux qui pourraient nous reprocher de disputer sur un sujet équivoque?

FILOTEO — Nous dirons deux choses : premièrement, qu'Aristote est coupable d'avoir mal compris le monde, se façonnant pour lui-même un univers corporel imaginaire ; deuxièmement, que nos arguments ne sont pas moins valides, à supposer que la signification du monde soit plus en accord avec l'imagination de nos adversaires qu'avec la vérité. Car les points qu'ils supposent sur la circonférence ultime du monde, dont le centre est notre terre, peuvent être conçus comme existant sur d'autres innombrables terres au-delà de cette circonférence imaginaire. Aussi existent-ils en effet, bien qu'en désaccord avec l'imagination de ceux dont la conception, quelle qu'elle soit, ne soutient, ni ne réfute rien de ce qui a été suggéré sur la dimension de l'univers et sur le nombre des mondes.

---

1. L'éd. GA fait justement remarquer que l'opuscule *Du monde* adjoint au *Du ciel* par les anciennes traditions latines n'est pas d'Aristote ; il contient en fait nombre de réminiscences stoïciennes.

FRACASTORIO — Voilà qui est bien dit ; continue maintenant, Elpino.

ELPINO — « Tout corps, dit Aristote[1], se meut ou est stationnaire ; et ce mouvement ou cet état stationnaire est soit naturel, soit violent[2]. De plus, tout corps, qui occupe une certaine position non par violence mais en raison de sa nature même, se meut là aussi non par violence mais du fait de sa nature ; et à cet endroit où le corps se meut sans violence, il réside naturellement. Ainsi, tout ce qui est contraint de se porter vers le haut est naturellement entraîné vers le bas, et *inversement*. On en déduit qu'il n'est plus de monde, quand nous considérons que, si la terre, qui est en dehors de ce monde, se meut au centre de ce monde violemment, dès lors la terre, qui est dans ce monde, se mouvra naturellement vers le centre d'un autre monde. Et si le mouvement de la terre du centre de ce monde vers le centre d'un autre est violent, alors le mouvement du centre d'un autre monde vers le nôtre sera naturel. La raison en est que, s'il devait y avoir d'autres terres, la puissance de l'une devrait être semblable à la puissance de l'autre, de même que la puissance du feu serait identique dans l'un et l'autre monde. Sinon, les parties de ces mondes ne seraient semblables aux parties du nôtre que par les termes et non par l'être. Par conséquent, un tel autre monde ne serait pas un monde comme le nôtre, sinon terminologiquement. En outre, tous les corps qui ont la même nature et qui appartiennent à la même espèce ont le même mouvement — car tous les corps sont doués du même mouvement naturel. Si, dès lors, il existe dans les autres mondes des terres comme dans le nôtre, et de la même espèce que notre terre, alors elles auront certainement le même mouvement. Ainsi donc, là où le mouvement est le même, les éléments y concourant devront être les mêmes. Cela étant, la terre dans ce monde s'approchera nécessairement de la terre du nôtre, et le feu de cet autre s'approchera également nécessairement du feu du nôtre. Il s'ensuit donc que la terre ne se portera vers le haut pas moins naturellement que vers le bas ; et que le feu ne se portera vers le bas pas moins naturellement que vers le haut. Étant donné que ces choses sont impossibles, il ne saurait exister qu'une seule terre, un seul centre, un seul milieu, un seul horizon et un seul monde[3]. »

1. *Cf.* Aristote, *Du ciel*, I, 8, 276 a 22 sq.
2. C'est-à-dire *par contrainte*.
3. *Cf.* Aristote, *Du ciel*, I, 8, 276 a 22-276 b 21 (tantôt traduit, tantôt paraphrasé ou résumé).

FILOTEO — Nous répondons à cela que, comme notre terre tourne autour de notre région dans cet espace universel et infini et qu'elle occupe cette partie, ainsi les autres astres occupent leurs parties de l'espace et tournent autour de leurs propres régions dans le champ immense. Et comme notre terre est constituée de ses membres, qu'elle subit des changements, ses parties allant selon un flux et un reflux comme nous l'avons vu chez les animaux, dont les humeurs et les parties souffrent d'une altération et d'un mouvement continuels, ainsi les autres astres sont constitués de leurs membres qui sont semblablement affectés. Encore une fois, de même que notre terre, qui se meut naturellement en accord avec le cadre de l'univers entier, n'a rien d'autre qu'un mouvement circulaire, par lequel elle tourne autour de son centre, et autour du soleil, de même il doit en être ainsi avec ces autres corps de nature semblable. Et de telles parties individuelles de ces corps, et non les parties principales ou membres, comme elles ont de par quelque accident changé de lieu, y retourneront naturellement de par leur impulsion propre ; précisément comme les parties de matière sèche ou aqueuse qui, par l'action du soleil et de la terre, se sont éloignées comme des exhalaisons ou des vapeurs vers des membres et des régions au-dessus de notre monde et, ayant repris leur forme, retournent à leur place. Ainsi donc, les parties de ces corps ne seront pas plus que les nôtres manifestes, lorsque nous observerons que la matière dont les comètes sont formées n'appartient pas à notre globe. De même, les parties d'un animal (je parle de ses parties principales et distantes) ne remplaceront jamais vite les mêmes parties d'un autre animal, car elles appartiennent à des individus séparés, tout comme ma main ne correspondra jamais à ton bras, ni ta tête à mon corps. Ces postulats acceptés, nous disons qu'il existe en effet similitude entre tous les astres, entre tous les mondes, et que le nôtre et les autres terres sont semblablement organisés.

Néanmoins, il ne s'ensuit pas que là où est ce monde il doive y avoir aussi tous les autres ; ni que là où cette terre est située, il doive s'y trouver également toutes les autres. Mais il se peut aisément en déduire que notre terre maintient sa position comme le font les autres. Et comme il ne sied pas que notre terre se meuve de sa région dans l'espace vers celle d'autres terres, il ne sied pas plus que ces autres terres se meuvent jusqu'à notre région. Notre terre diffère de celles-là de par sa matière et d'autres circonstances particulières qui la caractérisent, autant que celles-là diffèrent de la nôtre. Comme les parties de notre feu tendent vers notre feu principal, que les parties flamboyantes des autres mondes tendent vers le même feu et que les parties élémentaires de notre terre tendent vers notre terre entière, ainsi les parties d'une autre terre tendent semblablement vers cette terre entière. C'est donc la violence seule qui permet aux parties de cette terre que nous appelons lune, avec ses eaux, de mouvoir cette terre ou de se mouvoir vers la lune. Car naturellement la lune tourne sur sa position, et atteint sa région qui est là, dans l'espace, comme notre terre appartient ici à sa région. Et comme ses parties, d'eau ou de feu, sont en relation avec cette terre, ainsi les parties de notre terre le sont avec la terre. La profondeur la plus basse de cette terre n'est pas un point de la région éthérée au-delà et en dehors d'elle (comme il advient aux parties séparées de leur sphère, si cela est possible), mais se trouve au centre de sa propre figure, sphère ou pesanteur. Tout comme la profondeur la plus basse de cette autre terre n'est en nul endroit en dehors d'elle, mais consiste en son propre milieu, et même en son propre centre. De même, les parties d'une autre terre ou de la nôtre ne sont déviées au-delà de leur sphère que par violence, et tendent naturellement vers leur centre. C'est ainsi que l'on pourra comprendre la véritable similitude qui existe entre les autres terres et la nôtre.

ELPINO — Vous dites fort justement que, comme il ne conviendrait pas et qu'il serait en effet impossible que l'un de ces êtres animés se meuve ou demeure en un endroit occupé par un autre, ou que sa substance individuelle dérive d'une autre région et d'autres circonstances que les siennes, ainsi il serait des plus inadéquats que les parties de notre monde tendent ou se portent en effet vers le lieu qu'occupent les parties d'un autre monde.

FILOTEO — Vous comprenez que nous parlons bien de véritables parties. En effet, en ce qui concerne les premiers corps indivisibles à partir desquels l'univers entier a été originellement composé, nous devons penser qu'ils subissent à travers l'immensité de l'espace certaines vicissitudes qui, de par leur flux et leur reflux, les font mouvoir ici et là. Et si du fait de la divine Providence ils ne forment pas de nouveaux corps, ni ne se dissolvent à partir de l'ancien, ils sont au moins en mesure de le faire. Car les corps mondains sont en fait dissolubles, bien que du fait de leur vertu intrinsèque ou d'un influx extérieur ils puissent perdurer éternellement, subissant un certain influx et un semblable et égal efflux d'atomes. Aussi demeurent-ils constants en nombre bien que leur substance corporelle soit, comme la nôtre, renouvelée jour après jour, heure après heure, moment après moment, par l'action de l'attraction et de la digestion de toutes les parties du corps.

ELPINO — Nous parlerons de cela une autre fois. Pour le moment, vous m'avez pleinement satisfait, puisque vous avez noté que, comme nous devons considérer que tout autre terre a souffert une violence si elle a dû se lever jusqu'à cette région, il en sera de même si notre terre devait se lever vers n'importe quelle autre terre. En effet, comme le mouvement à partir de n'importe quelle partie de notre terre vers la circonférence ou limitant sa surface, ou vers l'horizon hémisphérique de l'éther, semble aller vers le haut, ainsi la direction semble en faire autant à partir de toutes les parties de la surface des autres terres vers la nôtre, puisque cette terre est la circonférence des autres et inversement. Je t'accorde volontiers que bien que ces terres soient de même nature que la nôtre, il ne s'ensuit pas qu'elles aient même centre. En effet, comme le centre d'une autre terre n'est pas le centre de la nôtre, que la circonférence de notre terre n'est pas la leur et que mon âme n'est pas la tienne, ainsi mon poids et celui de mes parties intérieures ne constituent ni ton corps, ni ton poids, même si ces corps, poids et âmes, doivent être considérés et sont en effet d'une seule et même espèce.

FILOTEO — En effet. Mais je ne voudrais que vous imaginiez pour autant que si les parties de cette terre-là devaient s'approcher de notre terre, elles ne pourraient pas y être attirées, comme il advient aux parties de cette terre-ci si elles devaient s'approcher de l'autre : bien que nous ne voyions pas ordinairement de tels événements arriver parmi les animaux ou parmi les différents individus de toutes les espèces de ces corps, sauf dans la mesure où l'un tire sa couverture et se développe à partir d'un autre, et où l'un est transmué en un autre.

ELPINO — Tout à fait vrai. Mais que diras-tu si cette sphère entière ne devait pas plus être éloignée de nous que par la distance grâce à laquelle ses parties se sont déplacées à partir d'elle, quand même elles tendraient à retourner vers le corps contenant ?

FILOTEO — J'admets volontiers que si les parties perceptibles de notre terre se trouvaient au-delà de sa circonférence, que l'on dit occupée par de l'air pur et limpide, ces parties pourraient de par leur nature retourner de cette région vers leur lieu. Mais une autre sphère entière ne se mouvrait pas de la sorte, ni ses parties de même nature ne descendraient. Elles s'élèveraient plutôt par violence, comme les parties de notre terre ne s'abîmeraient pas spontanément vers une autre terre, mais s'élèveraient par violence. En effet, pour chacun des mondes, la partie qui se trouve au-delà de sa circonférence est en haut, et son centre intérieur en bas. Et le centre vers lequel tendent naturellement ses parties est vers l'intérieur plutôt que vers n'importe quelle région au-delà d'elles. Et cela n'a pas été porté à la connaissance de ceux qui, feignant de croire à une certaine limite et définissant vainement une certaine borne à l'univers, ont considéré le centre de notre terre et le centre du monde comme une seule et même chose. Mais les mathématiciens de notre temps ont conclu, publié et accepté le point de vue contraire, car ils ont découvert que la circonférence imaginaire du monde n'est en rien équidistante du centre de notre terre. En outre, d'aucuns, plus avisés, ayant compris le mouvement de notre terre, ont découvert ainsi, non seulement en usant des arguments de leur art, mais aussi grâce à un argument naturel fondé sur l'observation de ce monde et de l'univers perceptible à nos yeux, que nous pouvons plus raisonnablement et sans inconvénient formuler une théorie plus logique et plus juste, qui s'adapte au mouvement plus régulier desdits vagabonds autour du centre, par laquelle nous comprendrons que la terre est aussi éloignée du centre de l'univers que du soleil. A partir de ces mêmes principes, ils ont été aisément en mesure de découvrir progressivement la vanité de ce qui a été allégué à propos de la pesanteur de notre terre, la différence entre notre région et les autres, l'équidistance entre nous et les innombrables mondes que nous voyons d'ici au-delà desdites planètes ; et du mouvement excessivement rapide de tous ces corps autour de nous plutôt que du nôtre autour d'eux. Et il se peut qu'ils en viennent au moins à douter des autres graves inconvénients découlant des suppositions de la philosophie courante.

Pour en revenir maintenant au sujet à partir de quoi nous avons commencé, je dois répéter que ni une étoile entière, ni une de ses parties n'a dû être si proche de notre étoile que sa surface ou un point de sa circonférence n'ait dû toucher un point ou la surface de notre circonférence.

ELPINO — La nature prévoyante en a décidé autrement, sinon les corps contraires se détruiraient l'un l'autre ; le froid et l'humide annihileraient le chaud et le sec, et seraient par là même détruits ; alors que, situés à une certaine distance les uns des autres, les uns vivent et croissent grâce aux autres. De plus, des corps semblables, à condition qu'ils soient proches l'un de l'autre, entraveront entre eux toute relation adéquate et tout échange avec le dissemblable, comme on le voit parfois lorsque notre fragilité souffre considérablement de l'interposition de cette autre terre que nous nommons lune entre le soleil et nous. Que se passerait-il si elle était placée plus près de la terre et, en particulier, si elle pouvait ainsi nous priver pour de longues périodes de chaleur et de lumière vitale ?

FILOTEO — Voilà qui est bien dit. Développez maintenant le propos d'Aristote.

ELPINO — Il répond à une objection imaginaire[1] qu'un corps ne peut pas spontanément se mouvoir vers un autre, car plus l'un sera distant de l'autre, plus différente sera leur nature. Contre cette proposition, il soutient qu'une distance moindre ou plus grande ne cause pas de différence de nature entre l'un et l'autre corps.

FILOTEO — Et ceci, compris avec justesse, est en effet des plus vrais. Mais nous y répondons d'une autre façon, et nous expliquons autrement pourquoi une terre ne se meut pas vers une autre, qu'elle en soit ou non distante.

ELPINO — C'est ce que j'ai compris. Cependant, je considère également comme vrai ce point de vue attribué aux Anciens selon lesquels plus un corps est éloigné, moins il dispose d'aptitude (qu'ils appelèrent fréquemment propriété et nature) à s'approcher d'un autre, parce que les parties soutenues par beaucoup d'air ont moins de pouvoir à traverser le milieu qui les soutient et à se porter vers le bas.

FILOTEO — C'est un fait certain et prouvé que les parties de notre terre sont habituées à retourner des plus distants recoins à leur corps contenant, et que plus elles en approchent, plus elles se pressent. Mais nous parlons ici des parties d'une autre terre.

ELPINO — Mais comme la terre ressemble à la terre et que les parties se ressemblent aussi, que penses-tu qu'il adviendra si elles étaient très proches l'une de l'autre ? Les parties de chacune des terres ne seraient-elles pas également aptes à rejoindre leur terre ou toute autre terre, et par conséquent à s'élever ou à descendre ?

FILOTEO — Étant posé un inconvénient, si inconvénient il y a, qui pourra empêcher qu'il en résulte un autre inconvénient ? Mais, laissant cela de côté, je dis que, comme les parties de n'importe quelle terre sont en relation égale et à une distance égale par rapport à d'autres terres différentes, elles resteront en position ou tendront vers une certaine région par rapport à quoi on les dira descendre,

1. *Ibid.* 276 b II.

tandis qu'on les dira s'élever par rapport à cette autre dont elles s'éloignent.

ELPINO — Mais qui sait, en effet, si les parties d'un corps principal ne changent pas pour un autre corps principal, bien que d'une espèce semblable ? Car il semble que les parties et les membres d'un homme ne conviennent pas à un autre homme.

FILOTEO — Cela est vrai en principe et en premier lieu ; dans le détail et en second lieu, c'est le contraire qui advient. En effet, nous avons vu nous-mêmes qu'un nez appartenant à la chair d'un homme peut occuper chez un autre homme la place préalablement occupée par son propre nez ; et nous sommes certains que nous pourrions facilement implanter l'oreille d'un homme à la place de l'oreille d'un autre homme.

ELPINO — Voilà qui n'est pas chirurgie ordinaire[1].

FILOTEO — Certes.

ELPINO — J'en retourne au point que je souhaite élucider. Si un rocher était au milieu des airs, à égale distance de deux terres, comment pourrions-nous croire qu'il resterait fixe, et comment se déterminerait-il pour s'approcher de ce corps contenant plutôt que de l'autre ?

FILOTEO — Je maintiens qu'étant donné que la forme d'un rocher est telle qu'il n'est pas plus tourné vers l'un que vers l'autre, de sorte que chacun est également affecté par lui, il s'ensuit de ce résultat douteux et de la cause égale du mouvement vers l'une et l'autre des limites opposées que le rocher restera immobile, étant incapable de se résoudre à un mouvement vers l'une plutôt que vers l'autre de ces limites, aucune des deux ne l'attirant plus que l'autre, et n'étant pas plus poussé vers l'une que vers l'autre. Mais si la nature de l'une se prête mieux à le préserver, le rocher se déterminera à prendre le chemin direct le plus court pour le rejoindre. Étant donné que le principe majeur de mouvement n'est pas le désir de gagner sa propre sphère et son propre contenant, mais l'appétit d'autoconservation. Ainsi, nous voyons la flamme ramper sur le sol, se courber et se porter vers le bas afin d'atteindre l'endroit le plus proche où elle peut

1. Le premier chirurgien à accomplir pareille opération serait le Sicilien Branco, dont la méthode fut rendue fameuse par le chirurgien bolonais Gasparo Tagliacozzi (1546-99). Voir à ce propos B. Fazio, *Storia della letteratura italiana* (Milan, 1824, VI, II, 732) et les commentaires de l'éd. S, p. 336.

se nourrir, ne se troublant pas pour avancer vers le soleil, vers lequel elle ne saurait s'élever sans refroidir en chemin.

ELPINO — Que réponds-tu à la supposition suivante d'Aristote selon laquelle des parties et des corps de même espèce, quelle que soit la distance qui les sépare, se meuvent toujours vers leur tout et presque semblable[1]?

FILOTEO — Qui ne voit pas que cela est contraire à toute raison et tout sens, étant donné ce que nous venons de dire? Certes, une partie à l'extérieur de son globe avancera vers un globe avoisinant de même espèce, bien que celui-ci ne soit pas son corps contenant originel et premier. Parfois, aussi, il approchera d'un corps qui le conserve et le nourrit, même s'il est d'une espèce différente. En effet, l'impulsion intrinsèque spontanée ne procède pas de la relation avec un lieu déterminé, un certain point ou la sphère elle-même, mais de l'impulsion naturelle à chercher la position où il pourra le mieux et le plus facilement trouver des moyens de se maintenir et de conserver son être présent, puisque cet état, quelque ignoble qu'il soit, est le désir naturel de toute chose. Ainsi, certains hommes désirent surtout la vie et craignent surtout la mort, faute de lumière sur la vraie philosophie et faute de pouvoir concevoir une manière d'être en dehors de cette vie. Ils ne peuvent pas croire qu'il peut s'ensuivre quelque chose d'autre que ce qui est maintenant leur lot. En effet, ils ne sont pas parvenus à comprendre que le principe vital ne consiste pas en des accidents résultant de la composition matérielle, mais en la substance individuelle et indissoluble à laquelle, s'il n'est point en effet de perturbation, n'appartiennent ni désir d'autoconservation, ni crainte de se perdre. Mais ceux-ci appartiennent à des composés comme ceux qui, selon la loi de symétrie et de l'accident, dépendent de la complexion. En effet, ni la substance spirituelle, qui est comprise comme unificatrice, ni la substance matérielle, qui est comprise comme unifiée, ne peuvent être sujet de changement ou de passion. Par conséquent, elles ne cherchent pas à s'autoconserver; aucun mouvement n'appartient à de telles substances, qui n'appartient qu'aux composées. Une telle doctrine sera comprise lorsque l'on saura que l'être pesant ou léger n'appartient ni aux mondes, ni à leurs parties; car ces différences ne sont pas absolues en nature, mais positivement et relativement. De plus, nous avons déjà montré en d'autres occasions que l'univers n'a ni bord, ni limite, mais qu'il est immense et infini. Il s'ensuit que les principaux corps ne peuvent

---

1. *Cf.* Aristote, *Du ciel*, I, 8, 276 b 22-277 a 27.

déterminer leur mouvement d'une façon rectiligne par rapport soit à un centre, soit à une limite, car ils ont la même relation avec tous les points se trouvant au-delà de leur circonférence. Ils ne connaissent donc aucun mouvement rectiligne, excepté ceux de leurs propres parties : et ce, non par rapport à un centre ou un milieu, excepté celui de leur corps contenant, complet et parfait. Mais j'examinerai cela plus loin, en temps et lieux utiles.

Venons-en maintenant au problème : je soutiens que ce philosophe, suivant ses principes, ne peut pas démontrer qu'un corps, bien que distant, est disposé à retourner vers son corps contenant ou vers un corps contenant semblable. En effet, laissons-le considérer les comètes, qui sont composées de matière terrestre, qui se sont élevées sous forme d'exhalaison vers la région enflammée, et dont les parties ne sont pas aptes à descendre, mais, étant saisies par la puissance du premier mobile, elles tournent autour de la terre. Cependant, les comètes ne sont pas composées de quintessence, mais sont des corps terrestres très pesants, épais et denses, comme permettent d'en conclure le long intervalle qui sépare leurs apparitions et la résistance prolongée qu'elles offrent à la flamme flamboyante, vigoureuse et brûlante. En effet, parfois, elles continuent de brûler plus d'un mois ; ces derniers temps, on en a vu une brûler continûment pendant quarante-cinq jours[1]. Si, dès lors, l'argument de la pesanteur n'est pas détruit par la distance des corps, quelle est la cause qui fait que ce corps ne descend pas, ni même ne reste en place, mais qui au contraire le fait tourner autour de la terre ? Si tu dis qu'il ne tourne pas naturellement mais par violence, j'insisterai en te disant que, selon Aristote, chacun de ces cieux et de ces étoiles est pareillement entraîné par violence (sans que cela entraîne de pesanteur, de lumière[2] ni de matière semblable). Par ailleurs, j'ajoute que le mouvement de ces comètes semble leur être particulier, car il n'est jamais conforme à la nuit et au jour, ni aux mouvements des astres.

Voilà de quoi convaincre excellemment les Aristotéliciens de leurs propres principes. Nous discuterons donc de la vraie nature des comètes, en leur accordant une attention toute particulière. Et nous montrerons que de tels corps brûlants ne viennent pas de la sphère enflammée. En effet, si c'était le cas, ils s'y enflammeraient, puisque leur circonférence ou surface entière serait enveloppée d'air raréfié par la chaleur, comme diraient ceux-là, ou par la sphère enflammée.

1. L'éd. GA signale que Bruno devait penser alors à une comète découverte en mai 1582 par Tycho Brahé. *Cf.* l'éd. S., p. 339, et Clarissa D. Hellman, *The Comet of 1577 ; Its Place in the History of Astronomy*, New York, 1944.
2. *Cf.* Aristote, *Du ciel*, I, 3, 269 b 30.

Mais nous les voyons toujours brûler d'un côté, aussi en conclurons-nous que ces comètes sont des espèces d'astres, comme les Anciens l'ont bien dit et compris. Et un tel astre, approchant et s'éloignant de nous de par son mouvement, semble en raison de son approche et de son éloignement d'abord s'accroître en dimension comme s'il devenait de même nature, puis se rétrécir comme s'il allait disparaître. Et il ne se meut pas autour de la terre. Son mouvement est indépendant du mouvement quotidien de la terre qui, tournant sur elle-même, donne l'impression que toutes les lumières qui se trouvent au-delà de sa circonférence se lèvent et se couchent. De plus, il n'est pas possible qu'un corps terrestre d'une telle dimension soit entraîné de force par un corps aussi subtil et liquide que l'air qui ne résiste à rien, ou qu'il y soit suspendu contrairement à sa nature. En outre, si le mouvement allégé advenait réellement, ce ne serait seulement qu'un mouvement comme celui du premier mobile grâce auquel la comète est portée à tourner, et il n'imiterait pas le mouvement des planètes. Cependant, à travers une telle imitation, il est pris tantôt pour la nature de Mercure, tantôt pour celle de la Lune, tantôt pour celle de Saturne, tantôt encore pour celle d'autres planètes. Mais nous aborderons également ce sujet en temps voulu. Il suffit ici d'avoir dit assez pour réfuter la croyance de cet individu, selon laquelle la proximité ou la distance n'implique pas une plus grande ou moindre puissance que celle qu'il nomme par erreur mouvement individuel et naturel. Car la vérité ne permet pas que nous appliquions les termes d'individuel et de naturel à tout sujet disposé de manière à ne pouvoir jamais lui être adapté. Puisque les parties au-delà d'une certaine distance ne se meuvent jamais vers leur corps contenant, on ne dira donc pas qu'un tel mouvement leur sera naturel.

ELPINO — Quiconque considère ce sujet distinguera clairement qu'Aristote soutient des principes totalement contraires aux véritables principes de la nature. Il ajoute plus loin que « si le mouvement des corps simples leur était naturel, ces corps simples qui existent dans de nombreux mondes et qui sont de la même espèce se mouvraient soit vers le même centre, soit vers la même extrémité[1]. »

FILOTEO — Cependant, il ne peut jamais prouver que ces corps doivent se porter vers la même position distincte et individuelle. En effet, étant donné que ces corps sont de la même espèce, on peut en déduire que la même espèce de lieu leur convient, ainsi qu'un centre

1. *Ibid.*, I, 8, 276 b 29-32.

identique, qui est leur centre. Mais nous ne pouvons pas en déduire qu'ils requièrent un espace numériquement identique.

ELPINO — Il s'est attendu à une telle remarque. Voilà pourquoi de toute la puissance de sa vanité il a riposté qu'une différence de lieu ne saurait découler d'une différence numérique[1].

FILOTEO — Nous voyons en général tout le contraire. Mais dites-nous, comment le prouve-t-il?

ELPINO — Il dit que si une différence numérique dans les corps était en effet la cause d'une différence de lieu, il s'ensuivrait que les parties de notre terre, étant diverses en nombre et en pesanteur, auraient chacune leur centre de gravité différent dans un seul et même monde, ce qui serait aussi impossible qu'inadéquat, puisque le nombre des différents centres correspondrait au nombre des parties individuelles de la terre.

FILOTEO — Mais considérez combien cet argument est trompeur. Considérez dès lors si vous pouvez changer un tant soit peu d'opinion ou si cela ne confirme pas plutôt la vôtre. Qui douterait que cela ne serait aucunement inadéquat de postuler pour la masse entière, pour le corps et pour l'animal entier, un seul centre auquel toute partie serait reliée? Chacune tendrait vers lui et par là même, celles-ci seraient toutes unies et auraient toutes une base commune. Et, en même temps, se pourrait-il qu'il y ait posivitivement d'innombrables centres, étant donné que nous pouvons chercher, placer ou supposer un centre séparé dans chacune de ces innombrables parties? En l'homme il n'est qu'un centre, comme en la multitude de ses parties, de sorte que le cœur a son centre, à l'instar des poumons, du foie, de la tête, du bras, de la main, du pied, de cet os, de cette veine, de cette articulation, chacune de ses parties a son centre comme chacune des particules qui constituent ces membres. Et toutes ont une situation distincte et déterminée, fondamentalement et généralement, c'est-à-dire dans l'individu entier, et aussi relativement et en particulier, c'est-à-dire dans tel ou tel membre de l'individu.

ELPINO — Mais considérez qu'il a pu vouloir dire non que chaque partie dispose d'un centre, mais que chacune dispose d'un centre vers lequel elle tend.

FILOTEO — En dernière analyse, toutes tendent vers un centre. Car il n'est pas nécessaire que toutes les parties de l'animal tendent vers le

---

1. *Ibid.* I, 8, 276 b 32-277 a 4.

milieu et le centre. Ce serait impossible et inadéquat. Mais chacune est reliée au centre par l'union des parties et par la constitution du tout. En effet, la vie et la consistance des objets complexes ne se manifestent pas autrement que par la juste union des parties. Elles doivent toujours être comprises pour avoir en commun cet objectif qui est calculé pour chacune comme leur milieu et leur centre. Par conséquent, en ce qui concerne la constitution du tout complet, les parties sont reliées à un seul centre. En revanche, en ce qui concerne la constitution de chacun de ses membres, ses particules sont reliées au centre particulier de ce membre, afin que le foie puisse exister par l'union de ses parties, et semblablement pour les poumons, la tête, l'oreille, l'œil et les autres membres. Remarquez que cela n'est pas seulement adéquat, mais des plus naturels. Et il y a de nombreux centres suivant la nature des nombreuses parties et des particules des parties, comme il lui plaît. En effet, chacune de ces parties est constituée, soutenue et en réalité formée par la consistance, subsistance et constitution des autres parties. En vérité, l'intellect se révolte lorsqu'il doit considérer les broutilles ineptes que ce philosophe a avancées.

ELPINO — On doit souffrir cela plus à cause de la réputation qu'il s'est faite que parce qu'on ne l'a pas compris. Mais examinez un moment, de grâce, comment cet honnête homme prend plaisir à argumenter de façon erronée. Vous voyez qu'il ajoute ces mots presque triomphalement: « Ainsi donc, si aucune contradiction ne peut réfuter ces arguments, il ne doit y avoir nécessairement qu'un seul centre et qu'un seul horizon[1]. »

FILOTEO — Voilà qui est fort bien dit. Continuez.

ELPINO — Il prouve également que les mouvements simples sont finis et déterminés; car son assertion, selon laquelle le monde est un et selon laquelle les mouvements simples ont chacun leur lieu propre, était fondée sur cette notion. Il argumente ainsi: « Tout corps en mouvement se transporte d'un certain terme à un certain terme. Et, puisque tout changement est fini, il existe toujours une différence spécifique entre le terme d'où l'on vient et le terme où l'on va. Tels sont les changements de la maladie à la santé, de la petitesse à la grandeur, de cet endroit-ci à un autre. En effet, celui qui recouvre la santé n'est pas déterminé au hasard, mais se transporte vers la santé. La terre et le feu ne vont donc pas à l'infini, mais vers certains termes

---

1. *Ibid.*

qui diffèrent de ceux d'où ils proviennent, et ces deux régions sont les horizons du mouvement. Remarquez bien combien le mouvement en ligne droite est déterminé. Le mouvement circulaire n'est pas moins déterminé, car il va lui aussi d'un terme défini à l'autre, d'un opposé à l'autre, comme nous le verrons si nous considérons la diversité du mouvement sur le diamètre d'un cercle. En effet, rien n'est contraire au mouvement du cercle complet, car le cercle ne se termine en aucun point, excepté là où il a commencé. Cependant, il y a diversité dans les parties de la révolution lorsque celle-ci est mesurée d'une extrémité du diamètre à l'autre[1]. »

FILOTEO — En ce qui concerne l'argument démontrant que le mouvement est déterminé et fini, personne n'a tenté de le réfuter ou d'en douter. Mais il est faux de le décrire comme simplement déterminé vers le haut ou vers le bas, et nous l'avons prouvé en plusieurs occasions. En effet, tout se meut indifféremment ici ou là, où que soit le lieu de conservation de ce tout, et nous soutenons que, (en admettant les principes d'Aristote et d'autres principes qui s'y rattachent) s'il y avait cependant un autre corps au sein de notre terre, les parties de notre terre ne resteraient au sein de ce corps que par violence, sinon elles s'élèveraient naturellement. Aristote ne réfutera pas que si les parties de feu étaient au-dessus de la sphère enflammée (comme par exemple si elles se trouvaient là où ces philosophes pensent que se trouve la coupole ou le ciel de Mercure[2]), elles descendraient alors naturellement. Vous verrez alors combien ces gens s'éloignent de la nature par leur détermination sur le mouvement vers le haut, vers le bas, sur le pesant et le léger, quand vous aurez considéré que tous les corps, où qu'ils soient et où qu'ils se transportent, cherchent autant que faire se peut à rester à l'endroit de leur conservation. Néanmoins, quelque vrai que puisse être le fait que tout objet se transporte par son centre de ses limites jusqu'à ces mêmes limites, et que tout mouvement circulaire ou rectiligne se détermine entre deux positions opposées, il ne s'ensuit pas pour autant que l'univers soit de grandeur finie, ni qu'il n'y ait qu'un seul monde. On ne saurait réfuter l'infinité du mouvement simplement par quelque acte particulier, par lequel l'esprit, pour ainsi dire, qui compose, unit et vivifie la terre, peut être et sera toujours semblablement manifesté dans d'autres mondes innombrables. Nous pouvons dès lors penser que tout mouvement est fini (en parlant d'un mouvement en un temps présent donné, et non d'un mouvement simple

1. *Ibid.* 277 a 14-26.
2. *Cf.* Aristote, *Météorologiques*, I, 4, 341 b-342 a.

absolu comprenant chaque individu et le tout) et qu'il existe également une infinité de mondes. En effet, comme chacun de ces mondes infiniment nombreux est en lui-même fini et se trouve en un espace fini, ainsi au mouvement de chacun d'eux et à leurs parties correspondront certains termes déterminés.

ELPINO — Vous avez raison. Et plus loin, faute de pouvoir montrer quelque inconvénient s'opposant à notre point de vue, et rien qui ne soit favorable à ce qu'il veut prouver, il avance sa preuve finale selon laquelle « le mouvement n'est pas infini ; parce que plus la terre ou le feu approche de leur sphère, plus leur mouvement est rapide ; ainsi si le mouvement était infini, il s'ensuivrait que la vitesse, la légèreté et la pesanteur seraient également infinies[1]. »

FILOTEO — Grand bien lui fasse.

FRACASTORIO — Certes. Mais cela me semble une jonglerie. En effet, si les atomes sont doués de mouvement infini du fait d'un changement infini de lieu d'un moment à l'autre, tantôt quittant ce corps, tantôt pénétrant dans cet autre, tantôt rejoignant cette composition, tantôt cette autre, traversant tantôt cette formation, tantôt cette autre, autrement dit l'espace immense de l'univers, ils atteindront alors certainement un mouvement local infini ; ils traverseront l'espace infini et contribueront à des changements infinis. Mais il ne s'ensuit pas qu'ils seront doués de pesanteur, de légèreté ou de vitesse infinie.

FILOTEO — Laissons de côté le mouvement des premiers éléments et parties, et considérons seulement les parties proches appartenant à certaines espèces d'être, c'est-à-dire de substance, telles que les parties de la terre qui sont en effet de la terre. D'elles, on dit avec raison que dans les mondes où elles existent, dans les régions qu'elles traversent, et avec la forme qu'elles prennent, elles ne se meuvent que dans certaines limites ; et de ce fait, on ne saurait pas plus en déduire que l'univers est fini et le monde unique que, par exemple, les singes naissent sans queue, les chouettes voient la nuit sans yeux et que les chauves-souris produisent de la laine. De plus, on ne peut jamais déduire de ces parties que l'univers est infini, qu'il existe des mondes infinis. Par conséquent, seule une partie du monde est douée de mouvement infini, et doit être infiniment attirée par une terre infiniment distante, et a en outre une pesanteur infinie. Cela est impossible pour deux raisons. D'une part, une telle transition est

---

1. *Cf.* Aristote, *Du ciel*, I, 8, 277 a 27-33.

impossible. En effet, étant donné que l'univers consiste en des corps et des principes opposés, une partie si unique ne pourra pas traverser très loin la région éthérée sans succomber à son contraire. Ainsi, cette partie de la terre ne se mouvra plus, parce que sa substance ne sera plus faite de terre, la victoire de son opposé ayant changé sa complexion et son aspect. En second lieu, nous observons en général que loin de là, étant donné la présence permanente comme il est dit, d'une impulsion de pesanteur ou de légèreté à une distance infinie, une telle impulsion des parties ne peut avoir lieu sinon au sein de la région de leur espace contenant. En effet, si elles étaient au-delà, elles ne s'y mouvraient plus; car les humeurs fluides (qui dans l'animal se déplacent des parties externes aux parties internes, en bas et en haut, s'élevant, retombant, se mouvant ici et là suivant leurs différences), situées à l'extérieur de la région qui les contient, bien que proches de celle-ci, perdraient leur force et leur impulsion naturelles. En effet, cette relation est valide à l'intérieur de l'espace mesuré du rayon à partir du centre d'une région donnée vers sa circonférence. Car, autour de la circonférence, se trouve le moindre poids et, autour du centre, le plus grand; et dans la région intermédiaire, suivant le degré de proximité par rapport au centre ou à la circonférence, il y aura plus ou moins de pesanteur. Cela apparaît clairement dans la figure suivante [figure 6], où en A, le centre de la région, se trouve une pierre, pour parler communément ni lourde, ni légère. B représente la circonférence de la région, où semblablement la pierre n'est ni lourde, ni légère, mais demeure passive, grâce à quoi il est démontré une fois de plus la coïncidence entre le maximum et le minimum, comme il est démontré à la fin de l'ouvrage *La cause, le principe et l'un*. Les chiffres 1, 2, 3, 4, 5, 6, 7, 8, 9 représentent les différents espaces intermédiaires.

B 9 ni pesant, ni léger.
  8 le moins pesant, le plus léger.
  7 considérablement moins pesant et plus léger.
  6 moins pesant, plus léger.
  5 pesant, léger.
  4 plus pesant, moins léger.
  3 considérablement plus pesant et moins léger.
  2 le plus pesant, le moins léger.
A 1 ni pesant, ni léger.

figure 6

Maintenant vous voyez, par ailleurs, que si loin qu'une terre soit entraînée à s'approcher d'une autre, même leurs parties, situées au-delà de leur circonférence, n'ont pas une telle impulsion.

ELPINO — Vous considérez cette circonférence comme déterminée ?

FILOTEO — Certainement, en ce qui concerne la pesanteur la plus grande possible dans la plus grande des parties ; ou, si tu veux, dans la terre entière (puisque le globe entier n'est ni pesant, ni léger). Mais, en ce qui concerne les différents degrés intermédiaires de pesanteur et de légèreté, je dis que leurs diversités doivent être aussi nombreuses que le sont les diversités de pesanteur des différentes parties de la plus pesante à la moins pesante.

ELPINO — Cette échelle doit donc être interprétée avec discrétion.

FILOTEO — Tout homme d'esprit sera en mesure de l'interpréter pour lui-même. Pour ce qui est des arguments d'Aristote, on en a dit assez. Nous verrons maintenant s'il y ajoute encore quoi que ce soit.

ELPINO — De grâce, nous en reparlerons demain. Je suis attendu par Albertino, qui est prêt à se joindre à nous demain. Vous l'entendrez énoncer les arguments les plus probants que puisse avancer la thèse contraire, car il connaît à la perfection la philosophie commune.

FILOTEO — Comme il vous plaira.

CINQUIÈME DIALOGUE

(Albertino, nouvel interlocuteur[1])

ALBERTINO — J'aimerais savoir quel est ce fantôme, ce monstre inouï, ce prodige humain, cet extraordinaire esprit, et quelles sont les nouvelles fraîches qu'il apporte au monde ? Ou plutôt quelles sont ces opinions anciennes et obsolètes ainsi renouvelées, quelles sont ces racines coupées et ces nouveaux rejetons de notre âge ?

ELPINO — Ce sont des racines qui germent, d'anciennes choses qui pourtant reviennent à la surface, des vérités occultes qui sont découvertes. C'est une nouvelle lumière qui, après la longue nuit, se lève sur l'horizon dans l'hémisphère de notre savoir et peu à peu approche du méridien de notre intelligence.

ALBERTINO — Si je ne connaissais pas Elpino, je sais ce que je dirais.

ELPINO — Dites ce qu'il vous plaît. Si vous êtes aussi intelligent que je le crois, vous serez comme moi de son avis. Si vous êtes plus talentueux, vous en conviendrez plus rapidement et complètement, comme je m'y attends. En effet, ceux pour lesquels la philosophie commune et la science ordinaire sont difficiles, ceux qui en sont les disciples mais peu les adeptes (comme c'est souvent le cas, bien qu'ils l'ignorent), ceux-là ne seront pas aisément convertis par notre point de vue. Car, pour eux, la croyance universelle est ce qu'il y a de plus puissant, et ils sont aveuglés par la réputation des auteurs qui sont placés entre leurs mains, si bien qu'ils veulent être connus pour leurs interprètes et commentateurs. Mais les autres, grâce auxquels on

1. Sur le personnage d'Albertino, voir la présentation p. 34.

comprend facilement la philosophie commune, ont atteint un point à partir duquel ils ne se proposent plus d'occuper le reste de leurs jours à écouter autrui. Ils voient par leur propre lumière, et l'œil de leur esprit leur permet de pénétrer la moindre lézarde ; et tel Argos, des yeux de leur savoir divers ils observent un millier de passages menant à ladite philosophie sans voile. Ainsi, ils seront en mesure, par une approche plus serrée, de distinguer de loin des sujets de croyance reconnus pour vrais, par l'habitude et le consentement général, de ce qui est vraiment et doit être accepté comme certain, et persistant dans la nature, et la substance même des choses. En vérité, je vous le dis, ils auront du mal à accepter notre philosophie ceux qui n'ont pas la bonne fortune d'être doués d'esprit naturel ou ceux qui ne sont pas assez familiers avec les différentes branches du savoir. Et ils devront tout particulièrement pouvoir user de leur intellect afin de distinguer la croyance issue de la foi de celle fondée sur la preuve des principes vrais. En effet, une opinion est souvent acceptée comme un principe qui, tout bien considéré, conduira à une conclusion impossible, contraire à la nature. J'ajoute que ces esprits sordides et mercenaires ne désirent même pas atteindre la vérité, ou rarement, satisfaits qu'ils sont de ce qui est proposé en général pour savoir, amis non de la vraie sagesse mais désireux seulement de la réputation qu'elle confère, en quête d'apparence et peu soucieux de la réalité du savoir. Celui qui est dénué d'un jugement sain et droit en la matière choisira mal entre des opinions diverses et des avis contradictoires. Celui qui ne saura comparer ces avis ne se décidera que malaisément, et il aura encore plus de difficultés à les comparer quand les différences qui les distingueront passeront sa compréhension. Comprendre en quoi ces opinions diffèrent est bien difficile, car la substance et l'être de chacune d'entre elles sont occultes. Cela ne pourra jamais être évident, sinon au travers d'une compréhension claire des raisons et des principes sur lesquels chacun de ces points de vue se fonde. Quand vous aurez regardé avec l'œil de la raison et perçu avec justesse les fondements, principes et raisons sur lesquels sont fondées ces philosophies diverses et contraires, quand vous aurez examiné la nature, la substance et la particularité de chacune, quand vous aurez mesuré leur poids sur l'échelle de l'intellect, distingué leurs différences, quand vous les aurez comparées et jugées comme il convient, alors sans hésitation vous choisirez promptement quelle est la vérité.

ALBERTINO — Aristote, le prince de nos philosophes, affirme qu'il serait vain et fou de nous exercer à nous opposer à de vaines et folles opinions.

ELPINO — Fort bien dit. Mais, tout bien considéré, cette affirmation concerne également ses propres opinions, lorsqu'elles s'avèrent folles et vaines. Celui qui usera correctement de son jugement doit savoir, comme je l'ai dit, se dépouiller de l'habituelle croyance. Il doit savoir considérer comme également possibles deux points de vue contradictoires et doit écarter tous les préjugés inculqués depuis sa naissance, tant ceux qui se présentent dans la conversation générale que ceux grâce auxquels, par la philosophie, nous renaissons — tout en mourant pour le vulgaire — parmi les érudits que la foule d'une époque tient pour sages. Lorsque la controverse éclate entre ces soi-disant sages parmi la foule d'une certaine époque, si nous voulons faire preuve d'un jugement juste, je dis qu'il nous faut penser à l'avertissement d'Aristote. Concentrant notre attention sur peu de choses, nous en jugerons parfois trop promptement. Parfois encore, nous ne conviendrons d'une opinion qu'entraînés par la coutume, à cause de quoi ce qui nous semble nécessaire s'avèrera impossible. Ou nous percevrons et apprendrons que ce qui est impossible s'avèrera des plus vrais et des plus nécessaires. Et si cela est vrai pour des choses manifestement évidentes, qu'en sera-t-il donc pour celles qui sont douteuses et qui dépendent de principes fondés et de fondements solides?

ALBERTINO — Le commentateur Averroès ainsi que beaucoup d'autres estiment que rien de ce qu'Aristote a ignoré ne saurait être appris.

ELPINO — Lui et la multitude de ses sectateurs avaient un esprit si faible et se trouvaient dans des ténèbres si épaisses qu'ils ne pouvaient rien voir de plus sublime et de plus lumineux qu'Aristote. Mais s'ils s'exprimaient plus justement — quand ils se permettent de lancer au vol pareilles opinions —, ils diraient qu'à leur avis Aristote est un Dieu. Ainsi, ils ne magnifieraient pas tant Aristote qu'ils ne manifesteraient leur niaiserie. En effet, à leurs yeux, comme à ceux du singe ses petits et sa femelle, il s'agit là de la plus belle des créatures.

ALBERTINO — « Les montagnes ont accouché[1]... »

ELPINO — Vous verrez qu'elles n'accoucheront pas d'une souris.

---

1. « *Parturient montes, nascetur ridiculus mus* », *cf.* Horace, *Art poétique*, 139.

ALBERTINO — Beaucoup ont croisé le fer avec Aristote. Mais on a rasé leurs châteaux, émoussé leurs lames et brisé leurs arcs.

ELPINO — Qu'advient-il lorsqu'une chose vaine fait la guerre à une autre? Cette chose peut l'emporter sans cesser pour autant d'être vaine. Et ne sera-t-elle pas finalement découverte et vaincue par la vérité?

ALBERTINO — J'affirme qu'il est impossible qu'Aristote soit dans l'erreur.

ELPINO — Voilà un jugement bien téméraire.

ALBERTINO — Je ne le dis qu'après avoir bien examiné et considéré au mieux ce que dit Aristote. Et loin d'avoir repéré chez lui quelque erreur, je ne puis rien discerner de divin qu'il ne connaisse pas. Et je crois que personne d'autre ne saurait réaliser ce que je n'ai pu réaliser moi-même.

ELPINO — Vous mesurez donc l'estomac et l'esprit d'autrui d'après les vôtres, et croyez que les autres ne sauraient faire ce qui vous est impossible. En ce monde, certains sont si infortunés et si malheureux qu'ils sont non seulement privés de tout bien, mais qu'ils ont été aussi destinés à être éternellement accompagnés par cette Érinye, cette infernale Furie qui les force à couvrir volontairement leurs yeux d'un voile noir de jalousie corrosive, afin de ne plus voir leur nudité, leur pauvreté et leur misère, ni même les ornements, les richesses et les délices d'autrui. Ils préfèrent se consumer en vaine et sale pénurie que se tourner vers une nouvelle discipline, avouant ainsi et leur ignorance passée et celle de leur guide.

ALBERTINO — Vous voudriez donc, par exemple, que je devienne le disciple de cet autre? Moi qui suis reconnu docteur par un millier d'académies, moi qui ai publiquement professé la philosophie dans les premières académies du monde, je renierais maintenant Aristote, et demanderais à de tels individus de m'enseigner la philosophie?

ELPINO — Pour ma part, je voudrais que l'on m'enseigne, non comme à un docteur mais comme à un homme sans savoir. Je voudrais apprendre non comme celui que je devrais être, mais comme celui que je ne suis pas. J'accepterais pour maître non seulement cet homme, mais tout autre homme que les dieux auraient destiné à cet office, car ils lui feraient comprendre ce que je ne comprends pas.

ALBERTINO — Vous voulez donc me faire retomber en enfance?

ELPINO — Au contraire, vous faire dépasser l'enfance.

ALBERTINO — Vous êtes bien aimable de prétendre me faire progresser et m'exalter en me faisant l'auditeur de cet individu tourmenté. Chacun sait combien les académies le haïssent, que c'est un adversaire farouche des doctrines communes, qu'on le loue peu, que personne ne l'approuve et que tous le persécutent.

ELPINO — Certes, tous le persécutent, mais de qui s'agit-il? Si certains l'estiment, c'est qu'ils sont parmi les meilleurs et les héros. Il ne s'oppose pas aux doctrines communes, parce qu'il s'agit de doctrines ou parce qu'elles sont communes, mais du fait de leur fausseté. Les académies le haïssent, car là où est le contraste, il n'est pas d'amour. C'est un homme tourmenté, car la multitude est contraire à qui s'en éloigne, et ceux qui s'élèvent se font la cible d'un grand nombre. Pour vous décrire son esprit et la façon dont il traite des choses spéculatives, je vous dirai qu'il n'est pas tant curieux d'enseigner que de comprendre. Il découvrira mieux ce qui est nouveau et y prendra plus de plaisir, s'il sent que vous voulez lui enseigner quelque chose (dans la mesure où il en espérera quelque résultat), plus que si vous lui disiez souhaiter suivre son enseignement. En effet, son désir est plus d'apprendre que d'enseigner, et il s'estime plus doué pour cela que pour ceci. Mais le voici justement qui vient avec Fracastorio.

ALBERTINO — Soyez le bienvenu, Filoteo.

FILOTEO — Vous de même.

ALBERTINO —   « Si foin et paille dans la forêt je rumine
                        Avec un bœuf, mouton et chèvre, et âne et cheval,
                        Or, pour rendre ma vie meilleure et sans défaut
                        Je viens ici pour me faire catéchumène[1]. »

FRACASTORIO — Soyez le bienvenu.

ALBERTINO — Jusqu'à présent, j'ai estimé que vos positions ne méritaient ni auditeur, ni réponse.

FILOTEO — Dans ma jeunesse, j'en ai jugé de même quand j'étais occupé par Aristote[2], mais jusqu'à un certain point. Aujourd'hui que

---

1. Sonnet burlesque d'origine inconnue. *Cf.* l'éd. S, p. 352.
2. Pour l'intérêt porté par le jeune Bruno à Aristote, voir *La cène des cendres*, dial. IV.

j'ai vu et médité davantage, mon expérience est mûre, je suis en mesure de juger de ces sujets : il se peut que je sois devenu fou et aie perdu mes esprits. Maintenant, puisqu'il s'agit d'une infirmité que personne ne perçoit pas moins que le patient lui-même, je suis d'autant plus promptement mû par un soupçon que je suis passé du savoir à l'ignorance, et je suis par conséquent heureux d'avoir rencontré un médecin tenu par tous pour capable de me délivrer de cette manie.

ALBERTINO — « Ni la nature, ni moi ne pouvons rien faire
            Si le mal a pénétré jusqu'à l'os[1]. »

FRACASTORIO — De grâce, seigneur, prenez-lui le pouls et examinez son urine. Car, par la suite, si nous ne pouvons effectuer une cure, nous nous méfierons de lui.

ALBERTINO — En guise de pouls, nous allons voir si vous pourrez résoudre certains problèmes et échapper à certains arguments que je vais vous faire maintenant entendre. Ces arguments concluent nécessairement que les mondes ne sont pas innombrables et qu'il sont encore moins infinis.

FILOTEO — Je ne vous serai pas peu obligé lorsque vous m'aurez enseigné cela. Et si votre intention ne devait pas être suivie d'effet, je n'en serai pas moins votre obligé de m'avoir confirmé dans mon opinion. En effet, j'estime que vous me ferez pleinement comprendre l'argument contraire. Et puisque vous êtes des plus experts dans les sciences ordinaires, vous comprendrez aisément la vigueur de leurs fondements et de leurs édifices, ce par quoi elles diffèrent de nos principes. Or, pour qu'il n'y ait aucune interruption de raisonnement, et que chacun puisse à son aise expliquer son point de vue, vous plairait-il d'avancer les arguments que vous estimez les plus solides et les plus importants et qui vous paraissent les plus concluants ?

ALBERTINO — Soit. Premièrement, donc, au-delà de ce monde il n'est ni temps, ni espace, attendu qu'il a été postulé un premier ciel et premier corps, lequel est des plus distants de nous et premier mobile. Nous avons donc coutume d'appeler ciel ce qui est l'horizon extrême du monde, sur lequel se trouvent toutes les choses immobiles, fixes et tranquilles, qui sont les intelligences motrices des orbes[2]. Le monde

---

1. *Cf.* Arioste, *Roland furieux*, XXIV, 3 (premier vers modifié).
2. *Cf.* Aristote, *Métaphysique*, 1073 a 24 sqq.

est encore divisé en un corps céleste et un corps élémentaire, ce dernier étant limité et contenu, le premier limité et contenant. Et le monde est ainsi ordonné sur une échelle ascendante du plus dense au plus subtil qui se trouve au-dessus de la convexité du feu, sur quoi sont fixés le soleil, la lune et les autres étoiles et qui représente une quintessence. La qualité y est telle qu'elle ne s'égare pas dans l'infini, car elle ne saurait être jointe au premier mobile. Et elle ne rencontre pas les autres éléments, car ceux-ci seraient alors autour d'elle ; l'incorruptible et le divin seraient contenus et compris par des corps corruptibles, ce qui n'est pas adéquat. Car le divin a une nature conditionnée pour la forme et l'acte, et par conséquent pour la fonction de contenant, et doue les autres de forme et de limite définies, étant lui-même sans limite, forme ou substance. Ayant démontré cela, nous continuons avec Aristote de soutenir que[1] « s'il existe un corps au-delà de ce ciel, il doit être soit simple, soit composé. Et quelle que soit ta réponse, je te demanderai encore : ce corps occupera-t-il un lieu du fait de sa nature intrinsèque ou du fait d'un accident et d'une violence extrinsèques ? Nous montrerons qu'aucun corps simple ne peut se trouver là, car une sphère parfaite ne saurait changer de lieu. Puisque le centre y est immuable, le lieu ne peut changer, car seule quelque violence lui permet d'atteindre son propre lieu. Et une sphère ne saurait subir de violence, ni active, ni passive. De même, il est impossible qu'il y ait à l'extérieur du ciel un corps simple qui se déplace en ligne droite. Qu'il soit pesant ou léger, il ne peut naturellement être là, étant donné que les lieux naturels des corps simples ne sont pas ceux qui sont dits hors du monde. Vous ne pouvez pas dire non plus que ces corps sont là par accident (ou par la violence qu'exercent d'autres corps), car dans ce cas d'autres corps se trouveraient là de par leur nature. Il est donc prouvé qu'il n'existe pas de corps simple hormis ceux qui font notre monde, et ces corps sont doués de trois sortes de mouvement local. Il ne peut donc exister hors du monde aucun autre corps simple, partant aucun corps composé, puisque ce dernier est composé de singulier, et s'y résout. Il est donc manifeste que les mondes ne sont pas innombrables, car le ciel est unique, parfait et complet, et il ne peut y en avoir d'autre semblable à lui[2]. » Aussi peut-on en déduire qu'en dehors de notre monde il ne saurait y avoir ni lieu plein, ni lieu vide, ni temps. Il n'y est pas de lieu. En effet, si ce lieu était plein, il contiendrait soit un corps simple, soit un corps composé. Et nous avons démontré qu'au-delà du ciel il n'est

1. *Cf.* Aristote, *Du ciel*, I, 9, 278 b 21-279 2.
2. *Ibid.* 279 a 11-18 (en partie traduit, en partie résumé).

ni corps simple, ni corps composé. Mais si ce lieu était vide, de par la nature du vide (qui est défini comme un espace capable de contenir un corps), il pourrait s'y trouver un corps. Et nous avons démontré qu'il n'est point de corps au-delà du ciel. Il n'y est pas de temps. En effet, le temps est le nombre du mouvement, et le mouvement ne saurait exister que pour un corps. Partant, là où il n'est point de corps, il n'est point de mouvement, par conséquent point de mesure du mouvement, et sans cette mesure point de temps. En outre, étant donné que nous avons prouvé qu'il n'existe point de corps en dehors du monde, nous avons donc démontré qu'il ne s'y trouve ni mouvement, ni temps, ni quoi que ce soit de temporel ou doué de mouvement. Par conséquent, il n'existe qu'un monde.

Deuxièmement[1], l'unicité du monde peut se déduire de l'unicité du moteur. On convient que le mouvement circulaire est véritablement unique, uniforme, sans commencement et sans fin. S'il est unique, c'est un effet qui ne peut résulter que d'une seule cause. Si donc il existe un seul premier ciel au-dessous duquel se trouvent les cieux inférieurs, et si ceux-ci conspirent à former un seul ordre, il ne peut y avoir dès lors qu'un seul gouvernant et moteur. Celui-ci étant incorporel ne saurait se multiplier par addition de matière. Si le moteur est unique, et si un seul moteur ne peut donner naissance qu'à un seul mouvement, et si ce mouvement (complexe ou simple) ne peut avoir lieu qu'au sein d'un corps mobile simple ou composé, il s'ensuit que ce monde mobile est un et qu'il ne saurait donc y avoir d'autres mondes[2].

Troisièmement, on peut déduire l'existence d'un monde unique des lieux qu'occupent les corps mobiles. Il existe trois sortes de corps mobiles : ceux qui sont généralement pesants, ceux qui sont légers et ceux qui ne sont ni légers, ni pesants. La terre et l'eau appartiennent à la première sorte ; l'air et le feu à la seconde ; le ciel à la troisième. De même, il existe trois sortes de lieux pour les corps mobiles. Le plus bas et le plus central est occupé par un corps très pesant ; le lieu le plus élevé, le plus éloigné du précédent, et le lieu médian, entre le lieu central et le lieu le plus élevé. Le premier est pesant et appartient au centre. Ni pesant, ni léger, le deuxième appartient à la circonférence. Et le troisième qui est léger appartient à l'espace qui sépare les deux autres. Il y a donc un lieu inférieur vers lequel tendent tous les objets pesants de tous les mondes et un lieu supérieur vers lequel tendent tous les objets légers de tous les mondes. Partant, il existe un

1. *Ibid.* III, 2, 300 b 32 & *Métaphysique*, XII, 8, 1074 a 36-38.
2. *Ibid.*

lieu où le ciel se déplace, quel que soit le monde auquel il puisse appartenir. S'il n'est qu'un seul lieu, il n'existe qu'un seul monde, et non plusieurs[1].

Quatrièmement, je dis que s'il existait plus d'un monde, il y aurait plusieurs centres vers lesquels convergeraient les objets pesants de ces soi-disant mondes, et plusieurs horizons vers lesquels convergeraient les objets légers. Les différents lieux de ces mondes ne différeraient pas en espèce mais seulement en nombre. Un centre s'avérerait plus distant d'un autre centre que de son propre horizon. Mais deux centres sont de même espèce, tandis que centre et horizon sont de nature opposée. La distance locale sera donc plus grande entre des éléments de la même espèce qu'entre des éléments opposés. Cela est contraire à la nature de tels opposés. En effet, lorsqu'on dit que les éléments contraires sont le plus distant les uns des autres, cette distance maximale devrait s'entendre comme distance locale, laquelle doit être entre des corps sensibles contraires. Vous voyez donc ce qui s'ensuivrait si l'on supposait l'existence de plus d'un monde. Il est clair qu'une telle hypothèse n'est pas seulement fausse, mais encore impossible.

Cinquièmement, s'il existait plusieurs mondes de la même espèce, ces mondes devraient être égaux, ou du moins proportionnels en dimension (ce qui revient au même pour ce qui est de notre propos). Si cela était le cas, il ne pourrait pas y avoir plus de six mondes s'adjoignant au nôtre. En effet, seules six sphères au plus peuvent être contiguës à une seule sans s'interpénétrer, de même que seuls six cercles égaux ne sauraient se toucher l'un l'autre sans que leur périmètre s'entrecroise [figure 7]. Ainsi, plusieurs horizons[2] s'avéreraient entourer un seul centre en de nombreux points (où six mondes extérieurs toucheraient notre monde ou un autre). Mais, comme la vertu de deux éléments contraires doit être égale et comme il découle de cette configuration une certaine inégalité, vous rendrez les éléments supérieurs plus puissants que les éléments inférieurs, ferez en sorte que les premiers triomphent des seconds et dissoudrez ainsi ce monde.

Sixièmement, puisque les cercles de ces mondes ne se touchent qu'en un point, il doit nécessairement rester un espace entre la circonférence convexe d'une sphère et celle d'une autre. Dans cet espace, soit il y aura quelque chose qui le remplit, soit il n'y aura rien. S'il s'y trouve quelque chose, cela ne pourra certainement pas être de

1. *Ibid.*
2. L'éd. S précise : *c'est-à-dire six horizons.*

la nature d'un élément, distant de la surface convexe de la circonférence, parce qu'à l'évidence un tel espace est triangulaire et contenu entre trois arcs qui feront partie de la circonférence des trois mondes. Ainsi, le centre d'un triangle sera plus distant des parties les plus proches des angles, et le plus loin possible des cercles, comme on peut le voir clairement. Il sera donc nécessaire d'imaginer de nouveaux éléments et un nouveau monde remplissant cet espace, différent de nos éléments et de notre monde. Autrement, il serait nécessaire de supposer un vide dans l'espace triangulaire, et nous postulons que cela est impossible.

Septièmement, s'il existait d'autres mondes, ceux-ci devraient être soit finis, soit infinis. S'ils étaient infinis, l'infini serait en acte[1]. A maints égards, nous avons considéré cette hypothèse comme impossible. Mais s'ils étaient finis, il devraient être un nombre défini. Nous nous demanderons alors : pourquoi sont-il si nombreux, et pourquoi ni plus nombreux, ni moins nombreux ? Pourquoi n'en existe-t-il pas un de plus ? Qu'adviendrait-il s'il existait cet autre monde-ci ou encore cet autre-là ? Qu'ils soient égaux ou non en nombre, pourquoi devraient-ils se trouver dans cette catégorie plutôt que dans cette autre ? Et pourquoi toute cette matière est-elle divisée en de nombreux mondes au lieu d'être agglomérée en un seul ? Étant donné que l'unité vaut mieux que la multiplicité, toutes les autres choses s'avérant égales, pourquoi cette substance divisée en quatre, six ou dix terres, ne formerait-elle pas un seul globe, grand et parfait ? En effet, comme naît du possible et de l'impossible un nombre plutôt fini qu'infini, ainsi, comme entre l'adéquat et l'inadéquat, l'unité est plus rationnelle et naturelle que la multiplicité ou la pluralité.

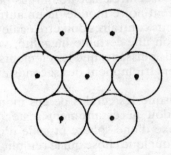

figure 7

1. *Cf.* Aristote, *Du ciel*, I, 8, 276 b 23 et *Métaphysique*, I, 10, 1075 a 18.

Septièmement[1], en toute chose nous voyons que la nature se réduit à sa plus simple expression. En effet, comme elle ne manque de rien qui lui soit nécessaire, elle ne saurait abonder en choses superflues. Puisqu'elle peut produire tout son effet grâce aux œuvres de ce monde-ci, il ne serait pas raisonnable de souhaiter feindre qu'il en existe d'autres.

Huitièmement, s'il existait une infinité de mondes ou ne serait-ce qu'un seul de plus, ce serait surtout parce que Dieu aurait pu les faire, ou plutôt parce que ces mondes pourraient dépendre de Lui. Mais, vraisemblablement, il ne s'ensuit pas que ces mondes existent, car en dehors de la puissance active de Dieu la puissance passive des choses est nécessaire. En effet, ce qui peut être créé dans la nature ne dépend pas de la puissance divine absolue, étant donné que toute puissance active ne se transforme pas en une puissance passive, mais seul ce qui possède un sujet qui lui est proportionnel — c'est-à-dire un sujet capable de recevoir tout l'acte de l'efficient. Or, rien de tout ce qui peut être l'objet d'une cause ne saurait correspondre ainsi avec la cause première. Pour ce qui est donc de la nature du monde, il ne peut exister qu'un seul monde, bien que Dieu puisse en faire davantage[2].

Neuvièmement, la pluralité des mondes n'est pas du domaine de la raison. En effet, aucune bonté civile, laquelle consiste en la conversation civile, ne saurait exister en ces mondes. Et les dieux qui auraient créé différents mondes auraient mal agi, puisqu'ils n'auraient pas fait en sorte que les citoyens de ces mondes entretiennent entre eux des relations.

Dixièmement, la pluralité des mondes s'oppose au travail de tout moteur ou dieu. En effet, puisque les sphères doivent se toucher en certains points [figure 7], il adviendra que l'une ne pourra plus se mouvoir contre l'autre, et il sera malaisé pour les dieux de gouverner le monde par le mouvement.

Onzièmement, une pluralité d'individus ne saurait résulter d'un seul, sinon du fait que la nature se multiplie par la division de la matière, ce qui n'est rien d'autre que la génération. Voilà ce que déclarent Aristote et tous les Péripatéticiens[3]. Mais ceux qui sou-

---

1. Cette répétition du *septièmement* est sans doute à mettre au compte de la distraction. En réalité, on dénombre ici treize arguments et non douze comme Bruno le déclare plus haut, et même deux fois, plus loin.
2. Cet argument ainsi que ceux qui le suivent ne proviennent pas d'Aristote. Ils seraient plus tardifs et attribuables à des théologiens de tradition péripatéticienne.
3. L'éd. S développe: *En effet, Aristote et tous les Péripatéticiens disent que les individus d'une seule espèce ne se multiplient que par l'acte de génération.*

tiennent l'existence d'une pluralité de mondes, d'une même matière et d'une même espèce de forme, n'affirment ni que l'un se transforme en l'autre, ni qu'il soit engendré par l'autre.

Douzièmement, rien ne saurait être ajouté à la perfection. Si donc ce monde est parfait, il n'y a certes nul besoin de lui en ajouter un autre. Le monde est parfait, d'abord en tant qu'espèce de continuum non limité par une autre espèce de continuum. En effet, un point mathématique indivisible aboutit mathématiquement à une ligne qui est une espèce de continuum. La ligne aboutit à une surface qui est une deuxième espèce de continuum. Et la surface à un corps solide qui est la troisième espèce de continuum. Un corps ne migre, ni ne se change en une autre espèce de continuum. Mais s'il s'agit d'une partie de l'univers, il sera limité par un autre corps. En revanche, s'il s'agit de l'univers lui-même, il sera parfait et ne sera limité que par lui-même. Ainsi, le monde ou l'univers est un, et doit être parfait[1].

Tels sont les douze arguments que je souhaitais pour l'instant produire. Si vous me donnez satisfaction à leur propos, je m'estimerai satisfait pour ce qui est de tous les autres arguments.

FILOTEO — Mon Albertino, celui qui se propose de défendre une proposition doit d'abord (à moins qu'il ne soit fou) avoir examiné les arguments contraires, tout comme un soldat serait insensé s'il décidait de défendre un château sans avoir considéré les circonstances et les endroits où il pourrait être pris d'assaut. Les arguments que vous venez d'avancer, à défaut d'être raisonnables, sont bien connus et ont été maintes fois repris. On peut leur répondre de la façon la plus efficace en ne considérant simplement d'un côté que leur fondement, et de l'autre le mode de notre affirmation. J'éclaircirai ces deux points dans ma réponse qui sera brève. Car si vous avez besoin de plus amples explications, je vous laisserai aux bons soins d'Elpino qui reprendra ce qu'il m'a entendu dire.

ALBERTINO — Faites-moi d'abord comprendre que cette méthode ne sera pas stérile, qu'elle comblera l'attente de celui qui désire connaître et que je ne serai pas lassé de vous écouter d'abord vous, et lui ensuite.

FILOTEO — Aux sages et aux hommes judicieux, parmi lesquels je vous compte, il suffit de montrer dans quel esprit on pose le problème. En effet, de tels hommes continuent dès lors à apprécier d'eux-mêmes plus profondément les moyens grâce auxquels on par-

1. *Cf.* Aristote, *Physique*, III, 6 et *Du ciel*, I, 1.

vient à penser différemment. Quant au premier doute que vous avez exprimé, nous disons que tout l'échafaudage que vous avez dressé s'écroule, puisqu'il n'est point de différence entre orbes et cieux, et que les astres se meuvent dans cet immense espace éthéré de par leur principe intrinsèque, chacun tournant autour de son centre ainsi qu'autour d'un autre centre. Aucun premier mobile n'entraîne réellement ces nombreux corps autour d'eux-mêmes comme autour de centres. Mais c'est plutôt notre globe qui cause l'apparence de ce ravissement. Et c'est Elpino qui vous en exposera les raisons.

ALBERTINO — Je l'écouterai volontiers.

FILOTEO — Quand vous aurez entendu et bien compris qu'une telle opinion est contraire à la nature, alors que la nôtre s'accorde bien à toute raison, perception et vérification naturelle, vous ne direz plus qu'il y a un bord, une limite à l'étendue ou au mouvement de l'univers. Vous tiendrez la croyance en un premier mobile, un ciel suprême et contenant pour une vaine imagination. Vous concevrez plutôt l'univers comme une matrice générale où se trouvent tous les mondes, tout comme ce globe terrestre dans cet espace est entouré par notre atmosphère, n'est en aucune façon cloué ou attaché à un autre corps, et n'a pas d'autre base que son propre centre. Et si l'on ne peut pas prouver que notre globe est différemment constitué par rapport aux astres environnants, puisqu'il ne manifeste pas d'accidents qui soient différents des leurs, aucun de ces astres ne devra donc être considéré comme occupant le centre de l'univers, ni comme étant plus fixé qu'ils ne le sont. Ils ne sembleront pas plus tourner autour de notre globe que celui-ci ne tourne autour d'eux. Comme on doit en déduire dans la nature pareille indifférence, on devra également en déduire combien est vaine l'existence des orbes déférents. Et on doit conclure à la vertu interne d'un mouvement propre à l'âme de ces globes, au caractère indistinct du vaste espace de l'univers et à l'irrationalité de la conception qui y suppose quelque limite ou quelque forme externe.

ALBERTINO — Voilà des choses, en effet, qui ne sont pas incompatibles avec la nature et qui peuvent être des plus adéquates. Mais elles sont difficiles à prouver et il faudra faire preuve d'un grand talent pour échapper à l'apparence et aux arguments contraires.

FILOTEO — Une fois trouvé le fil conducteur, on démêlera aisément tout l'écheveau. En effet, la difficulté provient de la méthode et d'une hypothèse inadéquate, à savoir, du poids et de l'immobilité de la terre, de la position du premier mobile par rapport aux autres sept, huit, neuf sphères ou davantage où sont implantés, imprimés, plâtrés, noués, collés, sculptés ou peints les astres, ceux-ci ne résidant pas dans le même espace que notre astre, que nous avons appelé terre. Mais vous entendrez que son espace, sa forme et sa nature ne sont ni plus ni moins élémentaires que ceux de tous les autres et sa nature n'est pas moins apte au mouvement que chacune de ces autres créatures vivantes et divines.

ALBERTINO — Certes, si cette pensée est bien ancrée dans mon esprit, toutes les autres que vous proposerez seront à leur tour aisément acceptées. Vous aurez là arraché d'un seul coup les racines d'une philosophie et planté celles d'une autre.

FILOTEO — Ainsi, vous aurez toutes les raisons de mépriser l'opinion commune fondée sur les impressions des sens, selon laquelle il existe un horizon plus haut, plus élevé et plus noble, frontière des substances divines immobiles qui sont elles-mêmes les puissances motrices de ces orbes feints. Et vous admettrez qu'il est au moins aussi crédible que la terre soit un animal, mobile et se mouvant en vertu de sa nature intrinsèque, que toutes les autres le soient également. Vous considérerez comme une pure imagination, incapable d'être démontrée, le point de vue selon lequel le mouvement de ces corps dérive du mouvement et de la puissance motrice d'un corps qui est sans ténacité ou résistance, plus rare et plus subtil que l'air que nous respirons. En revanche, vous estimerez que notre point de vue est en accord avec toute perception saine et tout raisonnement bien fondé. Vous déclarerez que la notion des sphères selon laquelle les surfaces concave et convexe tournent autour d'elles et attirent vers elles les étoiles n'est plus invraisemblable. Et vous tiendrez pour vrai et pour conforme à notre intellect et à la nature la croyance selon laquelle les étoiles, conformément à leur vie et consistance, poursuivent — vous verrez plus loin comment — leur course circulaire les unes autour et vers les autres, sans craindre de s'abîmer, ni de s'élever infiniment. Car, dans l'immensité de l'espace, il n'est point de distinction entre le haut, le bas, la droite, la gauche, l'avant et l'arrière. Vous verrez qu'au-delà de la circonférence imaginaire du ciel, il peut y avoir un corps simple ou composé se déplaçant suivant un mouvement rectiligne. En effet, comme les parties de notre globe ont un mouvement rectiligne, ainsi et non moins aisément les parties des autres corps peuvent en avoir un. Car notre globe n'est pas moins composé du même matériau que les autres tournant autour de lui ainsi qu'autour d'autres, et ne semble pas moins tourner autour d'eux que ceux-ci ne tournent autour de lui.

ALBERTINO — Je comprends maintenant plus que jamais que la moindre erreur initiale peut se solder en dernière analyse par de très grandes différences et de très graves erreurs[1]. Peu à peu, un simple petit inconvénient se multipliera et se ramifiera en une infinité d'autres, comme à partir d'une minuscule racine peut se développer une plante immense aux innombrables branches. Sur ma vie, Filoteo, je désire grandement que tu me prouves ce que tu me proposes là et, comme je considère cela comme utile et vraisemblable, que tu puisses me faire comprendre cette vérité.

FILOTEO — Je ferai tout mon possible et profiterai de la moindre occasion pour soumettre à votre jugement nombre de choses qui vous ont été cachées non par incapacité mais par inadvertance.

ALBERTINO — Présentez-moi le tout devant moi, sous forme d'article et de conclusion, car je sais qu'avant d'accepter cette opinion vous avez été en mesure d'examiner attentivement les conclusions contraires. Je suis sûr en effet que les secrets de la philosophie commune sont aussi clairs pour vous que pour moi. Poursuivez.

FILOTEO — Il n'est donc pas nécessaire de chercher à savoir s'il existe au-delà du ciel espace, vide ou temps. En effet, il n'y a qu'un seul espace général, une seule vaste immensité que nous puissions appeler librement vide. En elle se trouvent d'innombrables et d'infinis globes comme celui sur lequel nous vivons et croissons. Nous déclarons cet espace infini, étant donné qu'il n'est point de raison, convenance, possibilité, sens ou nature qui lui assigne une limite. En lui se trouve une infinité de mondes semblables au nôtre, et de la même espèce. En effet, il n'y a ni raison, ni défaut relevant de la nature, j'entends ni puissance active ou passive, qui fasse — comme c'est le cas autour de nous dans cet espace — obstacle à l'existence de ces mondes dans tout le reste de l'espace, dont, du reste, la nature est identique à la nôtre.

ALBERTINO — Si ce que vous avez dit en premier est vrai (et jusqu'ici, cela ne le semble pas moins que le point de vue contraire), ce que vous affirmez maintenant doit l'être nécessairement.

FILOTEO — Au-delà de la circonférence convexe imaginaire du monde est le temps. Il s'y trouve en effet la mesure et la vraie nature

---

1. *Cf.* Aristote, *Du ciel*, I, 5, 271 b 8-10.

du mouvement, puisque des corps mobiles semblables s'y trouvent. Supposons et avançons cela par rapport à ce que vous avez déjà avancé comme premier argument sur l'unité du monde.

Pour ce qui est de votre deuxième argument, je vous déclare qu'il existe en vérité un seul moteur premier et principal. Mais non premier et principal dans le sens où il existerait un deuxième, troisième et énième moteur descendant d'une certaine échelle vers le milieu et l'extrémité, étant donné que de tels moteurs n'existent, ni ne sauraient exister. En effet, là où il y a un nombre infini, il ne saurait y avoir ni rang, ni ordre numérique, bien qu'il y ait un rang et un ordre suivant la raison et la dignité des divers caractères et espèces ou des divers degrés du même caractère ou de la même espèce. Il existe donc une infinité de moteurs comme il existe une infinité d'âmes peuplant les sphères infinies. Et puisque ces dernières sont des formes et des actes intrinsèques, à toutes leur correspond un principe dont elles dépendent, un premier principe qui donne le mouvement aux âmes, dieux, puissances célestes et forces motrices. Et ce principe accorde le mouvement à la matière, au corps, à l'être animé, à la nature inférieure et à tout ce qui peut se mouvoir. Il y a donc une infinité de corps mobiles et de forces motrices, et tous se réduisent à un seul principe passif et à un seul principe actif. De même, tout nombre se réduit à l'unité et le nombre infini coïncide avec l'unité. De même, l'agent suprême et la puissance active suprême coïncident en un seul principe avec la puissance passive suprême, comme le démontre la fin de *La cause, le principe et l'un*. En nombre donc et en multitude, il existe une possibilité infinie de mouvements et de mouvements infinis. Mais, en unité et singularité, il existe un moteur immobile infini, un univers immobile infini. Et le nombre infini et la magnitude coïncident avec l'unité et la simplicité infinies en un seul principe simple et indivisible, qui est la vérité et l'être. Ainsi, il n'existe pas de premier mobile, auquel succèderait selon un certain ordre un second mobile, puis un autre jusqu'au dernier, voire à l'infini. Mais tous les corps mobiles sont également proches et lointains du premier moteur universel. De même, logiquement parlant, toutes les espèces sont également liées au même caractère et tous les individus à la même espèce. Ainsi, en raison d'un moteur universel infini, dans un espace infini, il existe un mouvement universel infini dont dépendent des mobiles infinis et des moteurs infinis, dont chacun est fini quant à la dimension et à l'efficace. Pour ce qui est du troisième argument, je dis qu'il n'existe pas dans l'espace éthéré de point déterminé vers lequel les objets pesants se déplacent comme vers un centre, et duquel les corps légers s'éloignent comme pour rechercher une circonférence. Car il n'existe dans l'univers ni centre, ni circonférence, mais, si vous voulez, tout est central et chaque point peut être considéré comme une partie d'une circonférence par rapport à quelque autre point central. Quant à nous, on dira qu'un objet est pesant lorsqu'il se déplacera de la circonférence vers le centre de notre globe, et qu'il est léger lorsqu'il se déplacera dans la direction opposée vers un but opposé. Et nous verrons que rien de ce qui est pesant n'est également léger. Car chaque partie de la terre change successivement de site, de lieu et également de composition, de sorte qu'au long des siècles aucune partie centrale ne manque d'atteindre la circonférence, et qu'aucune partie de la circonférence ne manque de devenir centrale ou ne tende vers le centre. Nous verrons que le poids et la légèreté ne sont rien de plus que l'impulsion des parties d'un corps vers la région naturelle qui le contient et le conserve, quelle que soit cette région. Il n'est donc point de différence locale qui n'attire, ni ne repousse les parties. Mais le désir d'autoconservation est une force intrinsèque qui pousse tout objet — pourvu qu'il n'y ait point d'obstacle — à fuir aussi loin que possible la matière qui lui est contraire et à rejoindre celle qui lui convient. Ainsi donc, les parties de la circonférence de la lune et d'autres mondes semblables au nôtre par leur caractère ou espèce cherchent à s'unir au centre de leur globe, comme poussées par leur propre poids. En revanche, les parties plus subtiles, comme poussées par leur propre légèreté, se déportent d'elles-mêmes vers la circonférence. Or, ce n'est pas parce que les parties fuient la circonférence ou s'y attachent. En effet, si c'était le cas, plus ces parties en approcheraient, plus rapide serait leur mouvement; et plus elles s'en éloigneraient, plus puissante serait leur progression vers le site opposé. En fait, nous observons le contraire, à savoir que si ces parties sont poussées au-delà de la région terrestre, elles resteront en équilibre dans l'air. Elles ne s'élèveront, ni ne descendront tant qu'elles n'auront pas augmenté soit de poids, par apposition de parties, soit de densité, au contact du froid, par lequel fendant l'air en dessous elles retourneront à leur corps contenant ou se disperseront sous forme d'atomes, une fois raréfiées et dissoutes par la chaleur.

ALBERTINO — Combien mon esprit sera en repos, lorsque vous m'aurez fait voir plus lentement que les astres ne diffèrent en rien de notre globe terrestre!

FILOTEO — Elpino vous répondra facilement ce que je lui ai dit. Et il vous fera comprendre plus clairement qu'aucun corps n'est pesant ou

léger par rapport à la région de l'univers, mais que ses parties le sont
par rapport au tout qui les contient ou conserve. En effet, désireux de
conserver ce qui est, les astres se meuvent en tout point, se rassem-
blent, à l'instar des mers et des gouttes de pluie, et se dispersent,
comme toutes les liqueurs exposées au soleil ou à d'autres feux. En
effet, tout mouvement naturel, entraîné par le principe intrinsèque
d'un corps, n'est rien d'autre qu'une tentative pour échapper à un
inconvénient et à un corps contraire, ou pour suivre un corps adéquat
et ami. Rien ne change donc de lieu, à moins d'être poussé vers
l'avant par son contraire. Rien de ce qui occupe naturellement un
lieu n'est pesant ou léger. Mais la matière terrestre, élevée dans l'air
à la recherche de son lieu naturel, est pesante et est ressentie comme
telle, tout comme l'eau suspendue dans l'air est pesante, bien que
dans sa région propre l'eau ne soit pas pesante. Ainsi, pour ceux qui
sont submergés, toute l'eau n'est en rien pesante, alors qu'un petit
vase plein d'eau deviendra pesant s'il est situé au-dessus de l'air,
au-delà de la surface sèche. La tête qui repose sur un corps n'est pas
pesante. Mais celle d'un autre qui repose sur elle sera pesante, parce
que celle-là n'est pas en son lieu naturel. Si donc la pesanteur et la
légèreté ne sont qu'une impulsion vers le lieu de conservation et
qu'une fuite du lieu contraire, il s'ensuit que rien n'est par nature
pesant ou léger, et que rien n'est doué de pesanteur ou de légèreté,
quelle que soit la distance qui sépare un corps du lieu de sa conservation ou de son contraire et dans la mesure où ce corps ne ressentira ni
l'utilité de l'un, ni la gêne de l'autre. Mais si, ressentant la gêne de
l'un, il désespère, devient perplexe et irrésolu, il sera vaincu par son
contraire.

ALBERTINO — Vous promettez de grandes choses et les tenez en
grande partie.

FILOTEO — Pour éviter de développer deux fois la même chose, je
m'en remets à Elpino qui vous dira le reste.

ALBERTINO — Il me semble que je comprends tout, parce qu'un
doute en soulève un autre, une vérité en démontre une autre. Et je
commence à comprendre plus que je ne puis expliquer. Nombre de
choses que je tenais jusqu'ici pour certaines, je commence à les tenir
pour douteuses. Je me sens ainsi peu à peu prêt à tomber d'accord
avec vous.

FILOTEO — Quand vous m'aurez pleinement entendu, vous serez
pleinement d'accord avec moi. Mais, pour le moment, retenez ceci,

ou du moins ne soyez pas résolu, comme vous l'étiez, à reconnaître pour vrai l'opinion contraire, comme vous l'étiez avant d'entrer dans cette controverse. Car peu à peu et en diverses occasions nous en viendrons à expliquer pleinement tout ce qui a trait à la question, ce qui dépend en fait de plusieurs principes et causes. En effet, comme une erreur en entraîne une autre, ainsi une vérité découverte est suivie d'une autre.

En ce qui concerne votre quatrième argument, nous disons que bien qu'il existe autant de centres que de globes, sphères ou mondes, il ne s'ensuit pas pour autant que les parties de chacun ne soient liées à une autre centre que le leur, ni qu'elles ne s'éloignent vers une autre circonférence que la leur. Comme les parties de notre terre ne recherchent aucun autre centre que le leur, comme elles ne vont pas s'unir à un autre globe que le nôtre, ainsi les humeurs et les parties des animaux ont leur propre flux et reflux, et n'appartiennent pas à un corps d'un nombre différent.

Quant à ce que vous avancez comme inadéquat, à savoir que le centre qui convient en espèce à l'autre centre deviendra plus distant de celui-là que le centre et la circonférence, qui sont d'une nature contraire, mais qui sont et doivent être le plus possible éloignés l'un de l'autre, je répondrai ce qui suit. Premièrement, les contraires n'ont pas besoin d'être le plus éloigné possible les uns des autres, mais seulement dans la mesure où l'un peut exercer une action sur l'autre et subir celle de l'autre. Ainsi, nous voyons le soleil situé très près de nous par rapport aux terres qui l'entourent. En effet, l'ordre de la nature veut qu'un objet subsiste, vive et se nourrisse grâce à son contraire, et qu'il soit affecté, altéré, vaincu et transformé par l'autre.

En outre, nous parlions récemment avec Elpino de la disposition des quatre éléments qui contribuent tous, en tant que parties, à la composition de chaque globe, une partie se trouvant placée à l'intérieur d'une autre et mêlée à l'autre. Et elles ne sont pas distinctes, ni diverses, comme contenu et contenant, car où que soit la terre [sèche] se trouvent l'eau, l'air et le feu, sous une forme patente ou latente. La distinction que nous avons faite entre les globes, selon laquelle certains, comme le soleil, sont des feux, et d'autres sont aqueux, comme la lune et la terre, ne dépend pas de ce que ces corps soient constitués d'un de ces éléments, mais simplement de la prédominance d'un de ces éléments dans leur substance mélangée.

De plus, il est des plus faux que les contraires soient situés le plus loin possible les uns des autres. En effet, en toute chose, ces contraires se combinent et se mélangent naturellement. Et l'univers, tant du point de vue des parties principales que de celles qui en découlent, ne consiste en rien d'autre qu'en cette conjonction et union. En effet, il n'est point de partie de terre qui ne contienne en elle de l'eau, sans laquelle elle n'aurait ni densité, ni union d'atomes, ni solidité. De plus, quel corps terrestre serait si épais qu'il manquerait de pores insensibles? Sans elles, de tels corps ne seraient plus ni divisibles, ni pénétrables par le feu ou par la chaleur qui est, cependant, perçu comme se séparant de la substance de ces corps. Où donc y a-t-il une partie de ton corps froid et sec qui ne soit unie à cet autre corps tien, humide et chaud? Cette distinction d'éléments n'est donc pas naturelle, mais logique. Et si le soleil est dans sa région loin de la région de la terre, cependant l'air, la terre [sèche] et l'eau ne sont pas plus éloignés de ce corps. En effet, le soleil, comme notre terre, est un corps composé, bien que prédomine en lui l'un des quatre éléments susmentionnés, et dans notre terre, un autre. En outre, si nous voulons que la nature soit conforme à la logique qui veut la plus grande distance possible entre des corps contraires, il faudra qu'entre ton feu, qui est léger, et la terre, qui est pesante, soit interposé ton ciel, lequel n'est ni pesant ni léger. Ou si tu voulais te limiter en disant que cet ordre ne doit être compris que pour ceux qui sont appelés les quatre éléments, néanmoins tu seras forcé de les mettre dans un ordre différent. Je veux dire qu'il revient à l'eau d'occuper le lieu central de l'élément le plus pesant, si le feu se trouve à la circonférence de la région élémentaire en lieu et place de l'élément le plus léger. En effet, l'eau, qui est froide et humide, est de par ces qualités contraire au feu et doit par conséquent se trouver le plus loin possible de l'élément froid et sec[1]. En revanche, l'air que vous dites chaud et humide devrait se trouver le plus loin possible de la terre froide et sèche. Voyez-vous donc combien cette proposition péripatéticienne est inconstante, que vous l'examiniez suivant la vérité de la nature, ou que vous la mesureriez suivant ses propres principes et fondements?

ALBERTINO — Je le vois, et très clairement.

FILOTEO — Vous voyez encore que notre philosophie n'est pas contraire à la raison. Elle réduit tout à un seul principe et rapporte tout à une seule fin, et fait coïncider les contraires[2], de sorte qu'il y a un fondement premier à l'origine comme à la fin. De cette coïnci-

---

1. L'éd. S fait justement remarquer qu'on s'attendait plutôt ici au couple *chaud et sec*.
2. La coïncidence des opposés est une des thèses clef de Nicolas de Cues dans sa *Docte ignorance*. Sur cette question, voir la présentation pp. 22-27.

dence des contraires, nous déduisons qu'en dernière analyse il est divinement juste de dire et de soutenir que les contraires sont dans les contraires. Partant, il n'est pas difficile de comprendre que chaque chose est en chaque chose — ce qu'Aristote et autres Sophistes n'ont pu comprendre.

ALBERTINO — Je vous écoute volontiers. Je sais que de si nombreuses questions et de si diverses conclusions ne sauraient être prouvées tout de suite, et en une seule occasion. Mais étant donné que vous m'avez révélé le caractère inadéquat de ces croyances que j'estimais nécessaires, j'en viens à douter de toutes les autres que, pour la même raison ou pour d'autres, je pourrais estimer nécessaires. Je me prépare donc à écouter attentivement et silencieusement les fondements, principes et discours de votre philosophie.

ELPINO — Vous verrez que le siècle d'Aristote n'est pas l'âge d'or de la philosophie. Pour le moment, les doutes que vous avez semés se dissipent.

ALBERTINO — Je ne suis pas si curieux à leur sujet, car je suis des plus impatients d'entendre la doctrine qui traite des principes grâce auxquels votre philosophie lève ces doutes ainsi que d'autres.

FILOTEO — Nous traiterons de ceux-ci par la suite. Quant au cinquième argument, vous devriez savoir que si nous concevons un grand nombre et une infinité de mondes dont la nature et la composition sont telles que vous avez l'habitude de les imaginer, ce sera presque comme si, à côté d'un monde sphérique contenant les quatre éléments mis dans l'ordre habituel, et huit, neuf ou dix autres cieux d'une substance et d'une nature différentes les encerclant et tournant rapidement autour d'eux, on devra alors imaginer d'autres mondes innombrables également sphériques et doués de mouvement comme le nôtre. Nous devons avancer alors quelques arguments et imaginer comment l'un de ces mondes pourra en continuer un autre ou lui être contigu. Puis, nous devrons faire preuve de beaucoup d'imagination pour savoir en combien de points la circonférence d'un de ces mondes pourra toucher celle des mondes qui l'environnent. Vous verrez alors que quelque nombreux que soient les horizons autour d'un monde, ceux-ci n'appartiendront pas à un seul monde, mais chacun d'eux entretiendra la même relation avec son propre centre. En effet, ils exercent leur influence là où, et au centre autour duquel, ils font leur révolution. De même, si un certain nombre d'animaux était rassemblé, il ne s'ensuivrait pas que les membres de l'un d'eux

appartiennent aux membres d'un autre, de sorte que l'un ou chacun
de ces animaux possède plusieurs têtes ou plusieurs corps. Mais nous,
grâce aux dieux, nous sommes libres de ne pas nous passionner pour
de telles explications. En effet, au lieu de ces nombreux cieux, de ces
nombreux corps mobiles, obstinés et vifs, rectilignes et obliques,
portés vers l'est et vers l'ouest, sur l'axe du monde et l'axe du
zodiaque, déclinant quantitativement, qualitativement, beaucoup et
peu, au lieu de cela donc nous n'avons qu'un seul ciel, qu'un seul
espace à travers lequel cet astre où nous résidons ainsi que tous les
autres effectuent leurs tours et leur parcours. Tels sont les mondes
infinis, autrement dit les astres innombrables. Tel est l'espace infini,
autrement dit le ciel les comprenant tous et qu'eux tous traversent.
Ainsi est bannie l'imagination suivant laquelle le tout tourne autour
de nous comme autour d'un centre. Nous sommes en effet conscients
que c'est notre terre qui tourne et qu'elle se hâte, tournant autour
d'elle-même, vingt-quatre heures sur vingt-quatre à la vue des lumières environnantes. Par conséquent, la notion suivant laquelle les
astres sont fixés à des orbes déférents entourant notre région doit
être rejetée. Nous n'attribuons à chaque astre que son mouvement
propre, que nous appelons épicyclique, différent de celui de chacun
des autres corps mobiles. Ces astres, qui ne sont entraînés par
aucune autre force que l'impulsion spontanée de leur esprit intrinsèque, suivent, comme notre terre, leur cours autour de leur centre et
autour de l'élément de feu, au long des siècles sinon pour l'éternité.

Telle est donc la vraie nature des mondes et du ciel. Le ciel est tel
que nous le voyons autour de notre globe qui est, comme les autres
globes, un astre lumineux et excellent. Les mondes sont ceux dont la
surface brillante nous est distinctement visible, et ils sont placés à
certains intervalles les uns des autres. Mais nulle part l'un d'eux n'est
plus proche de l'autre que la lune ne peut l'être de notre terre, ou nos
planètes de notre soleil. Ainsi, ceux qui sont de nature contraire ne se
détruisent pas, mais se nourrissent plutôt l'un l'autre, et ceux qui sont
de nature semblable ne se font pas obstalce, mais se donnent plutôt
de l'espace l'un l'autre. Ainsi, d'une cause l'autre, petit à petit, d'une
saison l'autre, ce globe très froid est chauffé par le soleil, tantôt d'un
côté, tantôt de l'autre, tantôt sur telle partie de sa surface, tantôt sur
telle autre. Et, à travers certaines vicissitudes, il cède directement ou
indirectement à la terre qui lui est proche et que nous appelons lune,
de sorte que tantôt l'un de ces corps, tantôt l'autre s'approche ou
s'éloigne du soleil : aussi la lune est-elle nommée terre antictone[1] par

1. Entendez : *contre-terre. Cf.* Aristote, *Du ciel*, II, 13, 293 a 20-24.

Timée et les autres Pythagoriciens. Tels sont les mondes qui sont tous habités et cultivés par leurs animaux, outre qu'ils soient les animaux principaux les plus divins de l'univers. Et chacun n'est pas moins composé de quatre éléments que ne l'est la terre sur laquelle nous nous trouvons, bien qu'y prédomine chez certains une qualité active et chez d'autres une autre. Ainsi, les uns nous sont perceptibles par leurs eaux et les autres par leur feu. Mis à part les quatre éléments qui composent les corps célestes, il y a, comme nous l'avons dit, une vaste région éthérée dans laquelle ils se meuvent, vivent et croissent tous, et qui enveloppe et pénètre à la fois toute chose. Dans la mesure où cet éther entre dans la composition des éléments (et dans la mesure où il en fait partie), il est communément appelé air — ce terme s'appliquant à la couche vaporeuse entourant les eaux et intégrant le contenant terrestre, renfermé par les plus hautes montagnes, capable de contenir d'épais nuages et des vents tempétueux venus du sud et du nord. Dans la mesure où il est pur et n'entre dans aucune composition, mais constitue le lieu et le contenant à travers lesquels le corps composé poursuit son cours, dès lors nous l'appellerons proprement éther, dénomination qui signifie ce cours même[1]. Cet éther, bien qu'en substance identique à l'air agité dans les viscères de la terre, porte néanmoins un nom différent. Comme ce qui est autour de nous s'appelle air, même si cet air fait partie de nous d'une certaine façon ou du moins entre dans notre composition, ainsi lorsqu'on le trouve dans nos poumons, nos artères, et d'autres cavités et pores de notre corps, on parlera d'esprit. Ainsi, lorsqu'il se trouvera autour d'un corps froid, il se condensera en vapeur, mais autour d'un astre chaud il se réduira comme une flamme. Et celle-ci ne sera sensible qu'unie à un corps plus dense qui s'enflammera de par son intense ardeur. Ainsi, l'éther est de par sa nature dénué de qualité déterminée, mais il reçoit toutes les qualités offertes par les corps environnants, et les porte grâce à son mouvement aux limites extrêmes de l'horizon où de tels principes actifs sont efficaces. On vous a donc montré quelle est la nature des mondes et du ciel. Ainsi, non seulement votre doute présent sera levé, mais également beaucoup d'autres innombrables. Vous disposez donc d'un fondement quant aux nombreuses et véritables conclusions physiques. Et si quelque proposition vous paraît jusqu'ici supposée et non prouvée, je la laisserai pour l'heure à votre discrétion. Si vous êtes impartial, avant de pouvoir découvrir la vérité suprême d'une telle proposition, vous l'estimerez beaucoup plus probable que son contraire.

ALBERTINO — Parle, Filoteo, je t'écoute.

FILOTEO — Ainsi nous avons résolu le sixième argument, lequel, considérant le contact en un seul point, s'interroge sur l'objet qui pourrait occuper ces espaces triangulaires, de sorte que sa nature ne soit liée ni au ciel, ni aux éléments. Mais nous postulons un seul ciel dans lequel les mondes ont leurs espace, région et distance respectifs. Il se répand à travers le tout, pénètre le tout et l'enveloppe, lui est contigu et le continue, ne laissant nulle part un espace vacant, sauf si, comme beaucoup d'autres, tu préfères donner le nom de vide à ce qui est le site et le lieu de tout mouvement, l'espace dans lequel le tout se déplace. Ou tu pourrais l'appeler le sujet premier que représenterait le mot espace, qui ne dispose en lui d'aucun lieu limité, si tu préfères par omission ou logiquement le considérer comme quelque chose de distinct dans notre esprit, et non par la nature et la substance de l'être et du corps. Ainsi, rien ne saurait être qui ne soit en un lieu fini ou infini, ou corporellement ou incorporellement, ou suivant le tout ou suivant les parties. Ce lieu finalement n'est rien d'autre que l'espace, lequel espace n'étant rien d'autre que le vide. Si donc nous considérons cet espace ou ce vide comme composé, nous l'appelerons espace, au sein duquel se trouveront le champ éthéré et les mondes. Et dès lors cet espace ne pourra être conçu comme existant au sein d'un autre espace. Voilà comment nous ne sommes pas forcés d'imaginer de nouveaux éléments et mondes, contrairement à ceux qui, à la moindre occasion, commencent à parler d'orbes, d'éléments, de substances divines, de parties de la nature céleste plus rares et plus denses, de quintessences et d'autres imaginations, usant de noms dénués de toute signification et vérité.

Quant au septième argument, nous répondons que l'univers infini est un, comme un seul continuum, composé de régions éthérées et de mondes. Innombrables sont les mondes, et on doit les concevoir comme résidant dans les différentes régions d'un seul univers, et comme existant par la même loi de nature qui fait que ce monde où nous habitons est conçu comme résidant dans ses propres espace et région. C'est ce que j'ai exposé à Elpino ces derniers jours, approuvant et confirmant ce qui a été dit par Démocrite, Épicure et beaucoup d'autres qui ont contemplé la nature les yeux ouverts, et qui n'ont point été sourds à ses voix importunes.

Toi, cesse donc, sous prétexte que la nouveauté te fait peur, de rejeter mon système; mais n'en aiguise que mieux ton jugement, pèse mes idées; et si elles te semblent vraies, rends-toi; ou bien si tu n'y vois

que mensonge, arme-toi pour les combattre. Ce que l'esprit recherche
dans l'espace infini qui s'étend au-delà des limites de notre monde,
c'est ce qu'il peut bien y avoir dans cette immensité que l'intelligence
scrute à son gré, et vers laquelle s'envole la pensée, libre d'entraves.
Tout d'abord, nulle part, en aucun sens, ni à droite ni à gauche, ni en
haut ni en bas, l'univers n'a de limite; je te l'ai montré, l'évidence le
crie, cela ressort clairement de la nature même du vide[1].

Lucrèce pousse de hauts cris contre le huitième argument qui
soutient que la nature s'enferme sur elle-même. Car bien que nous
ayons expérimenté cela dans des mondes à la fois grands et petits,
cela ne peut être observé dans tous ceux-ci. En effet, notre œil, sans
voir de fin, est vaincu par l'espace immense qui se présente à lui, et
s'avère égaré et dépassé par le nombre des étoiles qui ne cessent de se
multiplier. Ainsi, notre perception demeure incertaine et notre raison est contrainte d'ajouter de l'espace à l'espace, une région à une
région, et un monde à un monde.

Si donc de toutes parts s'étend un espace libre sans limites, si des
germes innombrables multipliés à l'infini voltigent de mille façons et de
toute éternité, est-il possible de croire que notre globe et notre firma-
ment aient été seuls créés et qu'au-delà il n'y ait qu'oisiveté pour la
multitude des atomes? Il te faut donc convenir, je le redis, qu'il s'est
formé ailleurs d'autres agrégats de matière semblables à ceux de notre
monde, que tient embrassé l'étreinte jalouse de l'éther[2].

Il murmure contre le neuvième argument qui suppose, bien qu'il
ne le prouve pas, qu'il n'y a pas de puissance active infinie correspondant à la puissance active infinie; que la matière infinie ne saurait
être patiente, pas plus que l'espace infini ne saurait avoir de champ;
et par conséquent qu'elle ne saurait être capable de proportionner
l'acte et l'action à l'agent, et que l'agent puisse communiquer tout
l'acte, sans que tout l'acte puisse être communiqué (on ne saurait
imaginer contradiction plus manifeste que celle-ci). C'est donc fort
justement qu'il dit:

Toutes les fois d'ailleurs qu'une abondante matière se tient prête,
qu'un espace l'attend et que rien ne fait obstacle, il est évidemment fatal
que les choses prennent forme et s'accomplissent. Et si par surcroît les

---

1. Lucrèce, *De la nature*, II, 1040-1051 (citation en latin modifiée par endroits).
2. *Ibid.* 1052-57; 1064-66 (cité en latin).

*germes sont en telle quantité que tout le temps de l'existence des êtres ne
suffirait à les compter; si la même force subsiste et la même nature pour
les rassembler en tous lieux et dans le même ordre que les atomes de
notre monde, il faut admettre que les autres régions de l'espace
connaissent aussi leur globe, leurs races d'hommes et leurs espèces
sauvages*[1].

Pour cet autre argument, nous répondons qu'il n'est nul besoin
d'un tel commerce, bon et civil, entre les différents mondes, que tous
les hommes se résument à un seul homme ou que tous les animaux se
résument à un seul animal. Sans compter que, par expérience, nous
voyons qu'il est mieux pour les créatures vivantes de ce monde que la
nature ait distribué leurs différentes sortes parmi les mers et les
monts. Et si par quelque artifice humain elles ont dû être liées entre
elles par quelque commerce, quelque chose de bon leur a été plutôt
ajouté que retranché, attendu que la communication tend plutôt à
redoubler les vices qu'à augmenter les vertus. C'est donc à juste titre
que le Tragique se lamente :

*Les justes lois du monde et ses rivages justement séparés furent
réunis par le vaisseau de pin thessalien, qui fit subir aux flots le coup de
ses rames et voulut que cette mer insolite et nôtre fasse partie de nos
craintes*[2].

Nous répondons au dixième argument comme au cinquième. En
effet, chacun des mondes du champ éthéré occupe l'espace qui lui est
propre. Ainsi, l'un de ces mondes ne touche ni ne heurte un autre.
Mais ils poursuivent leur cours et sont situés à une distance telle que
les contraires ne se détruisent pas, mais se consolident plutôt l'un
l'autre.

Le onzième argument pose que la nature, multipliée par définition
et division de la matière, accomplit cet acte par le biais de la génération, quand l'un, en tant qu'individu, produit, à l'instar d'un parent,
l'autre, à l'instar d'un fils. Nous disons que cela n'est pas universelle-
ment vrai. En effet, du fait d'une seule cause efficiente, des vases
nombreux et variés ainsi que d'innombrables formes peuvent être
produits à partir d'une seule masse. Sans compter que si la destruction d'un monde devait être suivie par sa reconstruction, alors la

---

1. *Ibid.* 1067-76 (cité en latin).
2. Senèque, *Médée*, vv, 335-339. Référence est ici faite au vaisseau de Jason, parti de
Thessalie pour conquérir la toison d'or qu'il trouva grâce à l'aide de Médée (voir également les tragédies d'Euripide et de Corneille).

production d'animaux parfaits autant qu'imparfaits y aurait lieu sans acte de génération en vertu de la force et de la vigueur de la nature.

Votre douzième et dernier argument soutient qu'en raison de la perfection de tel ou tel monde, il n'est nul besoin d'autres mondes. Je vous répondrai qu'ils ne sont certainement pas nécessaires pour la perfection et la subsistance de notre monde, mais que pour la subsistance et la perfection de l'univers lui-même une infinité de mondes est effectivement nécessaire. Il ne s'ensuit donc pas de la perfection ou ce monde-ci ou de ceux-là, que ces derniers ou ce monde soient moins parfaits. Car ce monde ainsi que ces autres mondes sont faits des mêmes parties, et chacun d'eux est un seul tout de par ses membres.

ALBERTINO — Ce ne seront point, ô Filoteo, la voix de la plèbe, l'indignation du vulgaire, le murmure des sots, le mépris de ces satrapes, la folie des insensés, la bêtise des lourdauds, les nouvelles des menteurs, les plaintes des malicieux et les détractions des envieux qui me priveront de ta noble contenance et de ta divine conversation. Persévère, mon Filoteo, persévère. Ne perds pas courage et ne te retire point, bien que le grand et solennel sénat de la sotte ignorance te menace pour maints complots et artifices et tente de détruire ton entreprise divine et ton travail sublime. Sois assuré qu'à la fin ils verront tous, comme moi aujourd'hui, et tous reconnaîtront qu'il est aussi facile pour quelqu'un de te louer qu'il leur est difficile à eux tous de t'enseigner quoi que ce soit. En toute bonne foi et en toute conscience, tous, à moins qu'ils ne soient véritablement pervers, rendront un verdict qui te sera favorable, de même que tout le monde finit par apprendre en maîtrisant son esprit. Car c'est à force d'exercer notre esprit que nous pouvons posséder ses trésors. Et comme il existe dans l'esprit de tous une certaine sainteté naturelle qui, trônant au tribunal de l'intellect, juge du bien et du mal, de la lumière et des ténèbres, des témoins et des défenseurs de ta cause, aussi intègres que des plus fidèles, verront le jour grâce aux cogitations de chacun. Et ceux qui ne sont pas tes amis voudront indolemment se faire les défenseurs de la ténébreuse ignorance, resteront, en bons sophistes, tes adversaires obstinés, et sentiront en eux-mêmes ton bourreau vengeur. Car plus ils l'occulteront dans les profondeurs de la pensée, plus il les tourmentera. Ainsi, le ver infernal, ôté de la chevelure rigide des Euménides, voyant contrarié son dessein contre toi, se tournera indigné vers la main ou la poitrine de son inique acteur et lui donnera la mort qu'il peut semer, lui qui a semé le poison stygien où les dents aiguisées d'un tel reptile ont mordu.

Fais-nous encore connaître ce qu'est vraiment le ciel, ce que sont vraiment les planètes et tous les astres ; comment les mondes infinis sont distincts les uns des autres, comment un espace infini n'est pas impossible, mais nécessaire ; comment un tel effet infini appelle une cause infinie. Révèle-nous les vrais substance, matière, acte et cause efficiente du tout, et comment chaque objet sensible et composé est construit à partir des mêmes origines et éléments. Convaincs nos esprits de l'existence de l'univers infini. Mets en pièces les surfaces concave et convexe qui limiteraient et sépareraient tant d'éléments et de cieux. Montre le ridicule des orbes déférents et des étoiles fixes. Brise et jette à terre par le tourbillon sonore de vivaces raisons les imaginations du vulgaire aveugle, les murailles adamantines du premier mobile et de la sphère ultime. Délivre-nous de l'ignoble croyance en la quintessence. Enseigne-nous que la composition de notre astre et monde est égale à celle d'autant d'astres et de mondes qu'il nous est possible de voir. Chacun de ces grands et vastes mondes infinis, chacun de ces moindres mondes infinis se nourrit et se repaît pareillement de la succession de ses phases ordonnées. Débarrasse-nous des moteurs extrinséques ainsi que des bornes de ces cieux. Ouvre-nous la porte par laquelle nous voyons combien notre acte ne diffère en rien de tous les autres. Montre-nous que la substance des autres mondes dans l'éther est pareille à celle de notre monde. Fais-nous clairement comprendre que le mouvement de tous ces mondes procède de l'impulsion de l'âme intérieure, afin qu'illuminés par une telle contemplation nous puissions progresser à pas plus sûrs dans la connaissance de la nature.

FILOTEO — Cela veut-il dire, ô Elpino, que le docteur Burchio ne sera pas de sitôt ou peut-être jamais d'accord avec nous ?

ELPINO — Le propre d'un esprit éveillé est d'envisager et de comprendre beaucoup en n'entendant et n'entrevoyant qu'un peu.

ALBERTINO — Bien qu'il ne m'ait pas encore été donné de voir tout le corps de cette brillante planète, je puis déjà percevoir grâce aux rayons diffusés dans les fissures étroites des fenêtres closes de mon intellect, qu'il ne s'agit point là de splendeur artificielle, ni de lampe sophistique, ni de lune, ni d'autre étoile mineure. Et je me prépare donc à comprendre encore davantage à l'avenir.

FILOTEO — Nous vous saurons gré de votre amitié.

ELPINO — Maintenant, allons dîner.

---

1. *Ibid* I, 4 où est reprise la même étymologie.

INDEX DES NOMS

Bibliographie générale

I. — BRUNO : TEXTES ORIGINAUX

Giordano BRUNO, *Dialoghi italiani* (2 vol., t.1 Dialoghi metafisici, t.2 Dialoghi morali), éd. Giovanni Gentile, troisième éd. établie par Giovanni Aquilecchia, Sansoni, Florence, 1958.

Giordano BRUNO, *Opera latine conscripta*, 3 vol., éd. F. Fiorentino, F. Tocco, H. Vitelli, V. Imbriani, C.M. Tallarigo, Naples-Florence, 1879-1891.

Giordano BRUNO, *Due dialoghi sconosciuti e due dialoghi noti. Idiota triumphans. De somniis interpretatione. Mordentius. De Mordentii Circino*, éd. G. Aquilecchia, Rome, 1957.

II. — TRADUCTIONS[1]

Giordano BRUNO, *Cause, principe et unité*, trad. et notes par Emile Namer, Coll. Les Introuvables, Éditions d'Aujourd'hui, 1982, rééd. Alcan, Paris, 1930.

Giordano BRUNO, *Des fureurs héroïques*, trad. établies par Paul-Henri Michel, Coll. Les classiques de l'humanisme, Les Belles-Lettres, Paris, 1984.

Giordano BRUNO, *Le Candelaio*, texte adapté en français par Jean-Noël Vuarnet, Point Hors Ligne, Paris, 1986.

Giordano BRUNO, *Le banquet des cendres*, trad. Yves Hersant, Éditions de l'Éclat (à paraître).

1. Ne sont données ici que les traductions françaises actuellement disponibles.

III. — BIBLIOGRAPHIE

Virgilio SALVESTRINI, *Bibliografia di Giordano Bruno ed degli scritti ad esso attinenti*, Pise, 1926. *Seconda edizione a cura di* L. Firpo, Florence, 1958.

IV. — OUVRAGES ET ARTICLES CONSACRÉS A BRUNO

AQUILECCHIA (G.) *L'adozione del volgare nei dialoghi londinesi di Giordano Bruno* in *Cultura neolatina*, XIII, 1953.

AQUILECCHIA (G.) *Giordano Bruno*, Bibliotheca Biographica 1, Istituto della Enciclopedia Italiana, Rome, 1971.

BADALONI (N.) *La filosofia di Giordano Bruno*, Florence, 1955.

BARTHOLOMESS (C.), *Jordano Bruno*, Paris, 1846-47, 2 vol.

CORSANO (A.) *Il pensiero di Giordano Bruno nel suo svolgimento storico*, Florence, 1940. 2e éd. 1948.

DYNNIK (M.) *L'homme, le soleil et le cosmos dans la philosophie de Giordano Bruno* in *Le soleil à la Renaissance, sciences et mythes*, Colloque International, Bruxelles-Paris, 1965, pp. 415-432.

GENTILE (G.) *Giordano Bruno e il pensiero del rinascimento*, Florence, 1920. 2e éd. 1925.

GUZZO (A.) *I Dialoghi del Bruno*, Turin, 1932.

GUZZO (A.) *Giordano Bruno*, Turin, 1960.

KOYRE (A.) *Du monde clos à l'univers infini*, trad. R. Tarr, UGE, Paris, 1962.

MERCATI (A.) *Il sommario del processo di Giordano Bruno, con appendice di documenti sull'eresia e l'Inquisizione a Modena nel secolo XVI*, Cité du Vatican, 1942.

MICHEL (P.-H.) *La cosmologie de Giordano Bruno*, Paris, 1962.

NAMER (E.) *La pensée de Giordano Bruno et sa signification dans la nouvelle image du monde*, C.D.U., Paris, 1959.

SAVINIO (A.) *Encyclopédie nouvelle*, trad. par Nino Frank, Coll. Du monde entier, Gallimard, 1980, pp.79-80.

SINGER (D.W.) *Giordano Bruno, His Life and Thought, With Annotated Translation of His Work « On the Infinite Universe and Worlds »*, Henry Schuman, New York, 1950.

SPAMPANATO (V.) *Vita di Giordano Bruno, con documenti editi ed inediti*, Messine, 1921. 2 vol.

SPAMPANATO (V.) *Documenti della vita di Giordano Bruno*, Leo Olschki, Florence, 1963.

TOCCO (F.) *Le opere latine di Giordano Bruno esposte e confrontate con le italiane*, Florence, 1889.

TOCCO (F.) *Le fonti più recenti della filosofia di Giordano Bruno* in *Rendiconti all'Accademia dei Lincei*, Rome, 1892.

TROILO (E.) *La filosofia di Giordano Bruno : la filosofia oggettiva*, Rome, 1897.

TROILO (E.) *La filosofia di Giordano Bruno : la filosofia soggettiva*, Rome, 1914.

TROILO (E.) *Giordano Bruno*, Rome, 1927.

VEDRINE (H.) *La conception de la nature chez Giordano Bruno*, Librairie Philosophique Vrin, Paris, 1967.

VUARNET (J.-N.) *Giordano Bruno et la différence renaissante* in *Le philosophe-artiste*, UGE, Paris, 1977.

YATES (F.A.) *Giordano Bruno and the Hermetic Tradition*, Londres, 1964.

YATES (F.A.), *The Art of Memory*, Londres, 1966.

TABLE DES MATIERES

Achevé d'imprimer
par Corlet, Imprimeur, S.A.
14110 Condé-sur-Noireau

N° d'Imprimeur : 1920
Dépôt légal : octobre 1987
Imprimé en France